口絵１　射止められたイノシシ
（旗山神社・柴祭り）

口絵２　幻想的な鬼神太鼓
（熊野神社・鬼追い）

口絵３　メンドンたちの勢揃い
（利永神社・メンドン祭り）

口絵４　串に刺された色とりどりのダゴ
（松山神社・ダゴ祭り）

口絵５　独特な正月踊りの衣装
（山宮神社・春祭）

口絵６　華やかに飾られたシャンシャン馬
（鹿児島神宮・初午祭）

口絵７　女性ばかりで舞われる田の神舞
（天御中主神社・田の神舞）

口絵８　トッゴロを持ったテチョ
（射勝神社・次郎次郎踊り）

口絵９　船を持って境内を一回り
（羽島崎神社・太郎太郎祭り）

口絵 10　言うことをきかない牛
（大汝牟遅神社・田島殿）

口絵 11　赤と黄色のタスキで打ち合い
（八幡神社・棒踊り）

口絵 12　唐カラ船を持つ子供
（九玉神社・唐カラ船祭）

口絵 13　せっぺとべで泥だらけ
（八幡神社・せっぺとべ）

口絵 14　バリンを付けた奴《やっこ》
（新田神社・奴踊り）

口絵 15　水車カラクリ人形を見る参詣客
（豊玉姫神社・水車カラクリ人形）

口絵 16　街を練り歩く十二戴女《かんめ》
（八坂神社・おぎおんさあ）

口絵 17　吉左右踊りと道化役の赤狐・白狐
（春日神社・吉左右踊り）

口絵 18　唐団扇を背負って勇壮に踊る
（南方神社・太鼓踊り）

口絵 19　シュロの皮を被ったヨッカブイ
（玉手神社・ヨッカブイ踊り）

口絵 20　鷹刺し踊り
（大石神社・金吾様踊り）

口絵 21　狐を斬ろうとする大石兵六
（紫尾神社・兵六踊り）

口絵 22　輿に乗った丹後局
（花尾神社・蟻の花尾詣で）

口絵 23　あでやかな流鏑馬姿の若武者
（四十九所神社・流鏑馬神事）

口絵 24　外人女性も交じって隼人浜下り
（鹿児島神宮・隼人浜下り）

鹿児島ふるさとの神社　祭りと伝統行事

髙向嘉昭

南方新社

はじめに

日本人は祭り好きの民族といわれている。一年中多くの祭りがどこかで行われており、わが鹿児島県でも例外ではない。

筆者は平成二十四（二〇一二）年に『鹿児島ふるさとの神社伝説』なるものを出版したが、その資料収集や内容調査のため多くの神社を訪問した。その際こうした祭りについても、たびたび耳にし、また見る機会があった。

そこで、そのような各神社の祭りを、ごく一部分ではあるが、まとめてみたのが本書である。

ところで、「祭り」のもともとの語源は「奉る」にあり、神に米や酒など食べ物を捧げ「奉る」行為から始まったといわれている。神に祈り感謝し一定の場所に安置して「祀り」、その力を得ることで、災害や疫病を鎮め、豊かな恵みを願ってきた、というのだ。

こうした神への感謝や祈りとして特別のご馳走や酒のほか、神を喜ばせ、慰めるために、さまざまな芸能が演じられるようになった。その芸能は一回限り、あるいは短期で終わるものもあれば、以後、一時中断した時期はあったとしても、今日まで継続して演じられているものもある。これが、伝統行事と呼ばれているものである。

本書は、こうした「祭り」や「伝統行事」をその題材にし内容としているが、日本全国四十七都道府県の中の一つの県に過ぎない鹿児島県といえども、『ふるさとのお社』（鹿児島県神道青年会編集：平成七年四月三十日発行）に記載されている県内の神社は、宗教法人化されているものだけでも千百三十八社を数える。これらに加え法人化されていない神社も数多く存在し、そしてその多くで、なにがしかの祭りや伝統行事（以下、祭り等と略称する）が執り行われている。従ってそのすべてを取り上げることは、能力的にまた紙数の面から、およそ不可能といってよい。そこで、本書では、それらの祭り等の中から、県の無形民俗文化財に指定されているものを中心に取り上げることにした。もちろん、それ以外にも特徴的と思われるものは主観的ではあるが、任意に選び、付け加えている。

それらについては、できる限りその祭り等を、実際に自分の目で見るように心がけたが、最近とくに出演者を含む関係者の勤めの関係や、人が多く集まりやすいようにと、日・祝日の同じ日に、重複して多くの神社で伝統行事が奉納されるようになってきている。従って、時間的、距離的関係で、残念ながらその中のいくつかは、参観を断念せざるを得なかった。また、県本土以外の離島についても、筆者の加齢による身体的能力の衰えで、当該地まで足を運び、それらの祭り等を、実際に自分の目で確かめることができなかった。

そこで、そうしたものについては、郷土史誌や関係図書、あるいは新聞記事、さらにはインターネットなどを参考にして記述したことをお断りしておきたい。

次に、本文中に出てくる島津家の代数についてであるが、島津家家督代数の表記には、『鹿児島県史』によるものと「島津国史」によるものの二つがあり、第六代までは同一であるが、第七代以降一代ずつの食い違いが生じている。『鹿児島県史』には、第七代に**伊久**を当て**元久**を第八代にしている。しかし、「島津国史」では**伊久**の名はなく、『鹿児島県史』が第八代としている**元久**を第七代としているからである。本書では「島津国史」の数え方に従った。

ところで、本書では単に祭り等の内容そのものを写実的に記載しただけでは、一面無味乾燥に陥る畏れがあると考えて、祭り等に関連する事項や、それが催される神社や祭神の由緒、あるいは神社周辺に所在する名所旧跡等についても、雑学風に目を向けたことをお許し頂きたい。

最後に、本書の執筆に際し多くの文献・資料を参考にして記述したが、文中の当該箇所でそれらの文献・資料名を一々詳しく記載するのは煩わしいので巻末に一括して掲載することにした。ただし、原典に直接当たって、より詳しく知りたいと思われる方たちのために、各項目の文末に、引用ないし参考にした文献・資料名のみはカッコ書きで記載しておいた。また、文中での人物名についての敬称は、慣用的に使用されているものを除き原則として省略した。

鹿児島ふるさとの神社　祭りと伝統行事——目次

正月〜初春

春〜初夏

夏

秋

装幀　大内喜来

正月～初春

一、景行天皇伝説の「テコテンドン」

平田神社（肝属郡肝付町岸良）

鹿屋市役所から鹿屋工業高校に向かう県道68号線（鹿屋吾平佐多線）を、そのまま真っ直ぐ二十キロメートルほど進むと、肝付町波見で国道448号線に合流する。そこは肝付川の河口で志布志湾に接しているところである。その448号線を佐多岬の方に南下して行くと、左手に雄大な太平洋が開け、やがて内之浦中学校、内之浦小学校を過ぎ、内之浦宇宙空間観測所前へと至る。さらに南下を続けると、岸良中学校が右手に見えてくる。ここで国道は、ほぼ直角に左折しているが、左折せずそのまま直進すると岸良小学校の先、「本地バス停」手前の十字路を右に曲がった奥に、この平田神社は鎮座している。

正月早々の二日に、この神社では「テコテンドン」といわれる伝統行事が行われている。神社の北方に聳《そび》えることでその名がついた北岳（743メートル）の山頂にある巨石の下に鎮まる神（北岳神社）を迎え、住民の一年の平穏、無病息災を祈る生活始め・仕事始めの神事で、柴祭りの一種である。なお柴祭りについては、次項（22ページ）で取り上げる。

『ふるさとのお社』には、この行事について次のように記されている。
「早朝神職と住民が登山し、山頂でサカキを束ね赤木綿の衣を着せ帯をしめたヒモロギに神霊を遷し、ヒモロギを先頭に、参加者はテコテンシバの小枝を持ち、露払いの歌を唱え太鼓をたたきながら下山し、当神社へ鎮祭する。祭事のあと、サカキ柴は一年間のお守りとして参加者に配布され、赤い衣は安産守りとして妊婦に配られる。

『歌の口開け』や『野火の焚き始め』も行われ、この神事が終わるまで、歌舞音曲や戸外に火を出すこと、野山で働くことが禁じられる習わしである。」

近年では午前八時ごろ神社前を出発し、途中から山頂まではほとんど道という道がなく、参加者は木や草をかき分けながら頂上を目指すことになる。希望する者は誰でも参加できるが、このように道なき道を上って行くので、天候にもよるが往復に七、八時間かかることもあるということだ。その点は心に留めておく必要がある。

一行が山頂に着いた後、「テコテンドン神」の祀られている祠《ほこら》で祝詞《のりと》があげられ、榊木《ひもろぎ》（榊の枝を束ねたものに、赤い木綿の着物二枚ないし三枚を重ねた衣を着せ、帯をしめて作られた人形）に神霊を移し、手に手に榊またはテコテンしば（和名：馬酔木《あせび》）を持って、平田神社に至る間、「テコテンドン・オー・ソーライホーホー」と連呼しながら下山する。神社前の鳥居の所で宮司がこれを迎え、山からヒモロギを持った登山者代表が宮司にこれを渡す。ヒモロギを受け取った宮司は、登山者を引き連れ神社の外側を、最初は左回り（時計の逆回り）に三回、ついで右回りに三回した後

第1図　ヒモロギを受け取った宮司

社殿に上がる。

社殿内で一通りの神事が行われるが、神事の最後にヒモロギのテコテン柴人形を包んでいた帯が解かれ、着物が脱がされる。一同が山に向かって二礼二拍手一礼すると、神は北岳に向かって開けられた窓から、空を飛んで山頂の神社に帰って行かれる。

この神事が終わった後、ヒモロギの榊枝は参拝者に分けられ、参拝者はそれを持ち帰って氏神および祖先の霊前に供えて家内安全、無事息災を祈る。

なお、明治初年までは、『ふるさとのお社』でも書かれているように、このテコテンドン神事によって、松明《たいまつ》の灯《とも》し始め、歌い始めのないうちは、一般の灯火の路上通行と歌舞音曲は禁じられていたということである。

ところで、テコテンドンという一般の人々にとって耳慣れない名が何からきたかについて、『内之浦町史』には「太鼓と笛の音からテコテンドンではないか、しかし不詳」と書かれている。これに対し、神社側では景行天皇が訛ってテコテンドンになったのだという。すなわち「ケイコウテンノウ」が「テコテン」へ、さらに尊称の「殿」が「ドン」へと変わったというのである。

景行天皇が九州巡幸をされ、日向地方にまで足を伸ばされたことは『日本書紀』にも記載されているが、この地方へまで来られたことは史実とは言い難い。

しかし、史実ではないにしても、県内では景行天皇巡幸の言い伝えがあちこちに残されており、北岳山頂の磐座《いわくら》（注）にもこの名が記されているということである。

いずれが正しいか、どちらとも決め難いが「ああであろう、こうであろう」などと思いを巡らすこともまた楽しいものである。（『ふるさとのお社』、「南日本新聞」、『内之浦町史』、「北嶽（俗テコテンドン）について」）

（注）本来、神のいる場所をたたえる語であったが、やがて祭りに際して神の依代《よりしろ》とされた岩石を特定してさすものと認識されるようになり、さらには石そのものを神体として祭祀《さいし》対象とするようになった。（『日本歴史大事典』）

二、狩猟儀礼・農耕儀礼の「柴祭り」

旗山神社（肝属郡錦江町城元）

鹿屋市役所から、県道68号線（鹿屋吾平佐多線）で吾平《あいら》町を通り、田代方面に向かう途中の錦江町立池田小学校手前に旗山神社が鎮座する。

この神社は、島津氏が山中の竹を戦の旗ざおに用いたことに由来するという古い神社で、鎌倉時代に創建されたと伝えられる。社前の道路を隔てた場所には、樹齢が六百年から八百年と推定される、幹の中が空《うつ》ろになった大きなクスノキがあり、神社を護《まも》るように立っている。

この神社では、正月行事として毎年一月二日から四日にかけて、伝統行事の「柴祭り」が行われている。一束の柴に山の神を憑《つ》かせて村の神社に迎え、村境には柴を立てて悪霊の侵入を防ぎ、シカやイノシシのシシ狩り神事を行う祭りである。

シシ狩り神事は三日の午後に行われ、一連の行事のなかでも特に珍しい行事である。

まず、午後一時過ぎから社殿内で神事が始まり、終わってから車で村境のコノサカ（この坂？）へ移動する。昔は行列を組み、歩いて行っていたものだが、今は運ぶ荷物も多いとかで、それほど遠いという距離ではないが、車での移動になっている。

　山の峠に着くと、山の神の絵をサカキに張り、その下に餅盗人を描いた絵を置く。山の神への祝詞《のりと》があげられた後、伶人《れいじん》（神社で笛・太鼓など音楽を奏する人）が、山神に代わって盗人を懲らしめる。「あんたはなぜ、餅を盗んだのですか?」「あんたのこの手が盗んだのですか?」「この足で逃げたんですか?」「今日は警察が来とらんで良かったが」などと言いながら、半紙上の餅盗人を小枝で刺していく。素朴な絵を相手にした、そのやりとりが面白い。

第２図　神官が餅盗人の手足を小枝で刺す

第３図　小枝で手足を刺された餅盗人

「餅盗人を懲らしめることは魔除けであり、盗み・悪事をはたらくなという子供たちへの戒めでもある」と宮司の話。

　次いで後方の小高いところに、予め椎や樫の枝を立てて作られたシガキ（狩倉）の中にイノシシに見立てた藁苞《わらづと》を置き、シシ狩りの模様が演じられる。藁苞の胴にはシュロの皮が巻かれ、イノシシらしく見せかけてある。

参加者の一人が犬役となり「ウオ〜、ウオ〜」と吠えながらシガキを回り、イノシシをシガキの中に追い込む真似《まね》をする。それを弓矢を手にした伶人たちが矢を放って射止める。射止めたイノシシ（口絵1）は後ですべて焼かれ灰になってしまう。焼かれることによってイノシシは清められ、魂は天に還って行く。

このシシ狩りが終わり、第二のジバ（地場？）に移って、ここでもお祓いがなされ、祝詞があげられる。

山の中での行事の最後は、場所を移し、別に用意された藁苞のシシを、小刀でさいの目に〝解体〟し、シシ肉に見立てた中身のシトギ（米の粉で作ってある）を、参加者一同が、一人一人「トーン」と言いながら食べて終わる。

この旗山神社の「柴祭り」行事は、見物者が極めて少なく、筆者が参観した平成二十七（二〇一五）年のそれは、神職等を含めても十人ほどであった。しかし、それだけに、ほかの神社の伝統行事にしばしば見られる、風流《ふりゅう》（趣向を凝らした作り物のことをいう。祭礼でのさまざまに飾り立てた作り物やこれに伴う音楽、舞踊など）化した華々しさや賑《にぎ》やかさのない素朴なもので、われわれ祖先の狩猟儀礼、つまり祭りの原点を見せられたような、心に残るものであった。

ところで、この「柴祭り」は「柴の口明け」、「神狩り」、「テコテンドン」、「コットン」ともいい、鹿児島県大隅半島の国見山系や高隈山系二十余カ所の村落に伝承されていたが、今は前項で見た平田神社の「テコテンドン」、あるいは後でみる「御崎祭り」などごく一部のみとなっている。

この旗山神社の「柴祭り」も一時期は廃《すた》れていたが、十年ほど前に復活したそうで、祭りが終わると、ようやく農耕、狩猟、山仕事など、すべての活動が許され、地域の一年が始まる習わしとなっている。旗山神社の前迫宮司は「細かい所作など昔とは違うだろうが、すべてのものに感謝と祈りをささげる気持ちは変わらない」と話している。（「南日本新聞」、『日本民俗大辞典・上』、『かごしま四季を歩く（秋・冬編）』、『大根占町誌』）

三、天下の奇習「鬼追い」行事

熊野神社（曽於市末吉町深川）

正月早々の一月七日に、天下の奇習ともいうべき「鬼追い」行事が曽於市末吉町深川の熊野《くまの》神社で行われている。

この神社へは南九州自動車道の末吉財部インターチェンジから国道10号線を都城市方面に進み、

「深川」の交差点から右折する。さらに四キロメートルほど進むと「深川東バス停」に至る。その左手すぐのところに当社は鎮座している。

この鬼追い行事は平成六（一九九四）年三月十六日、県の無形民俗文化財に指定されている。その理由は次の通りである。

≪仏教的年頭行事である修正会の流れを汲む修正鬼会と考えられるものであり、鹿児島県においては他に例のないものである。

光明寺跡にある熊野神社（光明寺は明治初年の神仏分離令で廃止され、その跡に熊野神社が建てられた：筆者注）で、一月七日夜に行われる。

一月四日から、鬼追いの準備（鬼の製作等）が始まり、一月七日の早朝行われる「おねっけたっけ（鬼火焚き）」の時使用した竹で神酒を入れる竹筒を作る。

神事のあと、三匹の鬼（鬼役一人、鬼の左右に付いて鬼を誘導するツケ二人の三人一組で一匹の鬼となる。その鬼が三匹：筆者注）が鬼堂から参道に飛び出し、参道外れの仁王像のところに用意された神酒を飲んだ後、参詣客の中を暴れ回る。鬼は鬼の手で、ツケは樫の棒で参詣者を叩く。人々は恐れながらも鬼の御幣をちぎる。（叩かれた人あるいは御幣を取った人は一年間無病息災だとの言い伝えがある。）

おおよそ四十分で鬼は鬼堂へ帰り、この後、用意された煎豆が参詣者に配られて、鬼追いの祭は終了する。

鬼は二十五才の厄年の男性が扮することになっており、誰であるかは会長以外は知らない。

鬼のかぶりものは、通常の鬼面ではなく、竹籠や藁で作った原型に紙の御幣を何枚も取り付けた独特の物である。≫

なお、「修正会《しゅしょうえ》」とは、寺院で正月元日から三日間あるいは七日間、国家の隆昌を祈る法会のことで神護景雲《じんごけいうん》元（七六七）年に始まるという。つまり、年初めの行事として、国家安泰や五穀豊穣、万民快楽などを祈願するものである。

また、熊野神社の記録にもこの鬼追いについて、以下のように記述している。


「本行事は往昔は悪魔退治の一行事として専ら光明寺主宰として神前に祓をなし執行されたが、廃寺後一時中絶したのに氏子領域に悪疫流行牛馬斃死等頻発したので、神社領域で再執行することとなり、深川部落中青壮年で専らその掌《しょう》に当り従事、陰暦正月七日夜であったのを、近年陽暦一月七日夜則ち午後九時に始めることとした。

三軀雄雌児《さんくゆうしじ》（オス鬼一匹、メス鬼一匹、子供鬼一匹の三匹：筆者注）で装束をなし姓名厳秘で鬼を装締する団長が知っているばかりであるが、大体附近厄年の青壮年が厄払いの為御堂の奥深く身をかくし、団長の許諾を需《もと》める。観衆は陸続として遠近から参集する。古来俚俗《りぞく》に鬼風に吹かるれば心身健全なりと。鬼は新婚の夜具を被り、角《つの》に切紙無数を結い付けた竹籠を冠り、恐ろしい偉容で鬼付二人宛に守護さる愈々装束なり、時刻到来するや三匹の鬼は神前に跪伏《きふく》し、祓の儀が始まる。其間花火を合図に法螺《ほら》、鐘太鼓其他鳴物を打ち始む。其鳴騒万雷の鳴動するに似たり、そして其刹那（鬼は外福は内）と三回高唱され、煎豆を鬼に撒布す。此時団長は観衆に対し、鬼追の由来と観衆の注意を喚起せる挨拶をなし、其儀終ると、法螺一声と同時に雄鬼を先頭に社殿を飛出し、二町余の神馬場を一目散に逸走し、仁王尊前に至り神酒を戴き、是れより付近一帯の群集々団を縦横に駈け廻る。其間鳴物は間断なく鳴噪を極む。鬼が密集群に近づくや小銃雷鳴の轟くに似たり。殷々たる銃声に意気緊張し、士気益々昂揚《こうよう》するに至る。

本行事の由来年代は詳かならず、鬼の駈廻り約一時間、終了後観衆は煎豆拝戴し、遠近の姻戚知己等に頒《わ》け、共に健康を祈願するの習慣今猶遺存せり。（振り仮名：筆者）」

このように、鬼追い行事はまず午前六時の神事に始まり、その後、午前六時半大淀川原で「おねっけたっけ（鬼火焚き）」が行われる。

こうした前行事を経て、鬼追いそのものは夜の午後八時ごろから始まる。それまでの間午後六時に鬼福ゲームと称するビンゴゲームが行われるが、一枚百円のビンゴ券を購入し、ゲームに参加する。ビンゴが完成した者には千円の商品券が賞品として早い者順五十人に与えられる。

ビンゴが済むと午後六時四十分「末吉ひょっとこ踊り」が同好会の人々によって踊られる。ユーモアあふれる踊りだ。

夜の帷《とばり》がおり、冬の暗闇が増してきた午後七時、「鬼神太鼓」が始まる。神社横の林の中で、男女、少年少女三十余人によるものだが、とくに最後の演奏が圧巻である。ライトアップの青白い光に照らし出された一人の美女が、横笛の音とともに竹林の中の一本の竹を撥《ばち》で「カラカラカラ……」と叩く。幻想的な雰囲気が漂う中、裏山から鬼の面をつけ、御幣《ごへい》で身を包んだ鬼神がまず一匹現れ太鼓の勇壮な演奏が始まる（口絵2）。

やがて二匹目、三匹目がそれに加わる。次いで四匹目、五匹目と次々に現れ十匹を超える。その音は胸や腹にズシンと響き、身体全体に何とも言えぬ躍動感を伝えてくる。

三十分ほど鬼神太鼓の演奏が続いた後、午後八時ごろ、神殿の横に建てられている鬼堂から三匹の鬼が飛び出してくる。

鬼たちは境内を出て一気に二百メートルほど先にある仁王像の所まで走って行き、そこで焼酎を飲み、さらに気力を高める。

気力を漲《みなぎ》らせた鬼たちは全力疾走で境内下の鳥居近くまで戻ってくる。ここから待ち構える群衆と鬼の攻防戦が繰り広げられる。鬼は上半身を中が見えないほど御幣で包まれているが、その御幣を取られると気力が衰え、威力が発揮できなくなるという。一方群衆は、その御幣を取ると一年中、福に包まれるとのことである。落ちたものを拾っても無駄で、必ず身についたものを直接取らなくてはならない。

鬼たちは取られまいと棒を振り回しながら、誰彼と見境《みさかい》なく取ろうとする者を叩く。過去には救急車の出動もあったということである。

道路上の境内から「叩け、叩け～　逃げるな　うったたけ　鬼が逃げていけんすっとや（逃げてどうするのか）……」と鹿児島弁で鬼を叱咤《しった》鼓舞するスピーカーの声が響く。

鬼は群がる人々に囲まれ（叩かれてもよいようにヘルメットを被った若者たちも大勢いる）身動きできなくなることもしばしばである。

かつて、群衆といっても人数の少ないころは、叩くことによって人々の手を振り払うことが出来たかもしれないが、今やその福に与《あずか》ろうとする大勢の人々を相手にしては、逃げるのが精一杯というところだ。「逃げるな……」と尻を叩かれても、それは無理というもの。

境内前から集落の路地裏に逃げ込んだ鬼たちは、息を整え体勢を建て直して、再び境内前の道路に姿を現す。

こうして鬼と群衆の攻防戦は続くが、やがて御幣を取られ、身ぐるみ剥がれたという格好の鬼は、気力をなくして境内の坂道を上がり、もとの鬼堂へと逃げ込んで行く。三匹の鬼が逃げ込んだところで「鬼追い」は終了する。

参詣者一同へ煎り豆が配られ、全行事が終わりを告げる。時計は午後八時半を回っていた。

深田地区では、「鬼追い」が終わらなければ正月は来ないと言われている。（「鹿児島県教育委員会ホームページ」、『末吉郷土史』、「南日本新聞」、『ふるさとのお社』、「朝日新聞」、『かごしま四季を歩く（秋・冬編）』、曽於市観光協会「そ・お・ナ・ビ」）

四、室町時代を再現、古式ゆかしい「大的始式」

栖林神社（西之表市西之表）

西之表市役所の北方二百メートルほどの所に祭神・種子島久基《ひさもと》（栖林公）を祀る栖林《せいりん》神社が鎮座している。本源寺と隣り合わせで、すぐ近くには西之表保健所もある。

この栖林神社では毎年一月十一日に、県の無形民俗文化財に指定されている「大的始式」が行われている。指定の理由は、次の通りである。

≪大的始式は、領主種子島忠時の弓術の指南として来島した武田筑後守光長が毎年一月十二日に宮中で行われていた御的始式を、文亀元（一五〇一）年から種子島家でも行うようになったことに始まるものである。

弓場には三鱗紋（種子島家家紋）の陣幕を張りめぐらし、かがり火を六カ所で焚いて明かりとし、隣接する本源寺の入相（夕暮）の太鼓を合図に始められる。

射手は二人組三番の六人からなり、それぞれ六回射る。三十五本の矢が的中すると、最後の一本はわざと外す。
災難を払い、無病息災を祈願して各地で行われる春武射、ハマ祈祷と同じ趣旨のものであるが、室町時代の武家で行われていた行事を、かなりな程度忠実に伝えている点で貴重なものである。『種子島家家譜』には御的始式と記載されているが、現在は大的始式と呼んでいる。毎年、新暦の一月十一日午後六時から奉納されている。》

すなわち、室町時代の武家で行われていた行事が、かなりな程度忠実に伝えられている点が貴重だというのである。

「大的始式」が種子島で始められるようになった起源については、『西之表市百年史』にも次のような記載がある。

「大的始めの由来は室町時代に遡る。明応九（一五〇〇）年十一月、足利将軍弓馬の師であった小笠原備前入道宗信の高弟、武田筑後守光長は、島主種子島忠時の招きに応じて京都より来島した。時に光長二十五歳であった。その前、忠時は上洛の間、宗信の門人となって光長とともに射芸を学び、親交を深めたのであった。光長は来島の翌年、一月十一日に初めて宮中における『御的始め式』を伝授したと伝えられ、以来、享保二年に五十四歳で没するまで、忠時の家臣として妻子も呼び寄せて永住した。（中略）大的始め式は五月十五日に種子島の農村の各地で行われる破魔行事と同主旨のもので、魔を祓い清め、種子島の平安を祈る行事である。」

このように、第十二代島主種子島忠時が室町時代に京都より招いた武田筑後守光長によって始められ、以来、この行事が今日まで五百年以上続く古式ゆかしいものであることが分かる。

午後六時、篝火《かがりび》を焚いた明かりの中、烏帽子に古装束姿の射手が、師範役の「始めさっしゃれ」の言葉を合図に、二人ずつ二本の矢を持ち本座につき、立ち上がって本座の先に盛られた砂山に弓の先を近づけて、犬の字を書く「犬神祓《いんがみはらい》」をする。犬神様を清めるということだ。その後、弓に矢をつがえてから後ろに反り返り天を仰ぎ、また前屈みになって地を払うような独特の作法で「ヤァ〜〜〜」という長い掛け声とともに、二十八メートル離れた一・七五メートルの大的に矢を放つ。二回目は「えい」と短い声に変わる。これを三番計六人が行い、その際、前にも記述したように「満つれば欠ける」の戒めにより、全部は的中させず、わざと一本外す習わしとなっている。

式の矢風にあたると病気にならないといわれ、多くの市民が見守る伝統の行事である。

ところでこの神社の祭神・種子島久基は、寛文《かんぶん》四（一六六四）年生まれの第十九代島主で、植林・製塩・新田開発・製鉄などの諸産業をはじめ文教等多方面にわたって仁政を布き、生まれつき聡明で、稀にみる偉材であった。父久時が鹿児島藩の国老として藩政に務めていた間、その名代として島政に尽くし、智の栖林公とうたわれた名島主である。特に元禄《げんろく》十一（一六九八）年、領内の農民の救済策として、琉球国王尚貞より甘藷一篭を譲り受け家老西村時乗に命じ領民に栽培させたことから、島民はその恩に感謝し深く敬慕した、という。

また、これをきっかけに、甘藷栽培がその後種子島だけでなく、広くわが国で栽培されるように子島久基」）

なった。（「鹿児島県教育委員会ホームページ」、『ふるさとのお社』、『西之表市百年史』、「南日本新聞」、「種子島久基」）

同じような形式のものが東串良町新川西の**大塚神社**でも行われている。一月十五日の伝統行事「的始祭《まとはいめ》」がそれである。

宮司や氏子総代らが邪気を集めた的に向かって矢を放ち、無病息災や五穀豊穣を祈願するもので、郷土誌によると景行天皇が熊襲を平定したことを祝って始まったとされる。宮司らが社殿の周囲を三周するなどして的に邪気を集めた後、参加者が八メートルほど離れた直径約八十センチメートルの的を目がけ、次々と矢を放つ。

ところで、昭和九（一九三四）年一月二十二日に、唐仁古墳群が国の史跡に指定されたが、大塚神社は、この古墳群の中でも最大の大塚古墳と呼ばれる前方後円墳の後円部の頂に位置し、渡り廊下の下は石室で、石棺が納められている。（『ふるさとのお社』、「南日本新聞」）

五、「メンドン祭り」で顔はヘグロだらけ

利永神社（指宿市山川利永）

指宿市山川利永《やまかわとしなが》地区に鎮座する利永神社では、一月の第三日曜日に、鹿児島県でも珍しい伝統行事「メンドン祭り」が行われている。

この祭りは、着物姿にヒョットコやお多福、あるいは怪物などさまざまな面を付けた面殿《めんどん》たち（口絵3）が、そこら辺りにいる見物人の誰彼かまわず顔にヘグロ（鍋釜の底についた墨・スス）を塗りつけ、無病息災を祈願するというものだ。

先導者二人が、「カンカン、ドンドン」と鉦や太鼓を叩いて御神体の露払いの役目で先導する。その後に、四人に担がれた神輿《みこし》（この神輿は、ほかの神社に見られるような華やかなものと違って、黒塗りの板だけで作られ、タテ、ヨコ、高さともに一メートルに満たない小振りの極めて素朴なもので、神輿の原型とでもいえるものである）が、ゆっくりと御幸されて行く。さらに、本日のお目当ての、炊いたお米を配る人たちが進む。その後に、この行事の主役ともいえる、面をかぶって変装した「メンドン」たちが十人から二十人ほど（年によって違いがある）、滑稽な仕草をしながら続く。

神輿が道端に止まると、見物人が賽銭《さいせん》を入れ、タテ方向に身をかがめて神輿の下をくぐる。出てくれば、メンドンたちはよい餌食が来たと、ヘグロをなすりつける。ヘグロは大根を短い棒状に切ったものの先に付けられており、ヘグロを避けようとして逃げても、メンドンはどこまでも追いかけ、必ずその責務を果たす。一人では済まず二人、三人のメンドンに捕まると大変だ。顔はヘグロだらけになってしまう。このヘグロは、かまどの墨を油で練ってあるから簡単には落ちないようになっている。

この日、最も災難なのは若い女性である。たまたまこの行列に遭遇した女性にも、無病息災の幸いを贈る義務?を持ったメンドンは、とことんまで追っかけて顔にヘグロを塗って差し上げるのである。

ところで、今はもう見られないが、昔はこんなこともあったそうだ。

この日を最も恐れていた女性は、バスで通ってくる小学校の女先生たちだった。このメンドンたちは、やや、ふざけ心も手伝い、通りかかるバスを止めて、その乗客までヘグロを塗ったのである。ちょうど、仕事を終えて、バスで帰っている女先生を見つけると、これ幸いと顔にヘグロを塗って差し上げた。「キャ～」と悲鳴を上げる女先生を目の前にして、これを誰も止める者はいなかった。止めるどころか皆、笑って眺めていたそうだ。それは、女先生の無病息災のためと思っていたからであろう。女先生は半分諦めて、泣きべそとも苦笑ともつかない表情で耐えていた、というのがそれである。

しかし、今はもうこうした女先生たちの悲鳴を聞くチャンスはない。むしろ集落内は笑い声に包まれる。顔に塗られたヘグロの跡を見ながら、お互いに笑い合うのだ。だが、幼い子供の場合は様子が違う。塗られまいとして必死に抵抗する者、中には大声を出して泣き叫ぶ者もいる。母親の胸に抱かれた乳飲み子にも、その子の健やかな成長を願って、優しく塗って差し上げる。もちろん母親にもだ。

第４図　ヘグロを塗られた母子

このようなメンドンが一体どうして始まったのか、その起源については次のようにいわれている。

江戸時代、村の庄屋クラスであった和田家は、お伊勢参りといって伊勢神宮へ参拝に行き、伊勢神宮から戴いた「お札」を持ち帰って、それを利永神社へ奉納した。神社では毎年一月十六日と九月十六日に家内安全、五穀豊穣、無病息災を祈願し、お祓いの神事が行われていた。

その後、奉納してあったお札、すなわち「神の証」を神輿に移し、四人で担いで鉦や太鼓を叩いて村内を練り歩いた。この時に、見物人の顔にヘグロを塗っていたという。この行事を「おいどんちっち」と呼んでいたと古老は語っている。

これが村人の注目を集めて「メンドン」の行事に発展したものと考えられている。『山川町史』には、「戦前は利永のお伊勢講は六組あったが、戦後、まとめて一つにした」と記述されている。昔は集落ごとの仲間意識が強かったので「おいどんちっち」も集落単位で行われていたのである。

利永神社は指宿市中心街から国道２２６号線を山川方面へ南下、国立病院前の信号を右折して、成川バイパスを進む。やがて右手に大成小学校、左手に山川高校が見え、そこを過ぎた先の「小川」の信号から右斜め方向の県道２４１号線（大山開聞線＝通称「頴娃街道」）に移る。それより三キロメートルほどの所に当社が鎮座している。

行事は午後三時から神事が始まり、その後、利永集落センターに移った神輿とともに、隊列を整えた行列が、三時半ごろセンターを出発し、集落内を廻《まわ》って「メンドン祭り」の本領（＝ヘグロ塗り）発揮となる。門口に出てきて行列を待つ人々にもヘグロが塗られ、ご飯と焼酎が差し出される。人々はそれを食べ、飲んで一年の健康と安全を祈願する。

一時間半ほど集落内を練り歩いた後、再び集落センターへ戻ってきた行列は、そこで解散し、神輿は午後五時ごろ神社へと帰って行かれる。辺りにはうっすらと夕闇が迫ってきているころである。

（『ふるさとのお社』、「南日本新聞」、『かごしま四季を歩く（秋・冬編）』、『おいどんが村利永の今昔物語』、『山川町史』）

六、春の先駆け「ダゴ祭り」

山宮神社（志布志市志布志町田之浦）
松山神社（志布志市松山町新橋）

山宮神社（志布志市志布志町田之浦）

志布志市中心街から県道65号線（南之郷志布志線）を北へ十二キロメートルほど曲がりくねった山道を進んで行くと、田之浦小学校・田之浦中学校が右手に見えてくる。そのすぐ傍を流れる安楽川を渡った対岸のこんもりとした森の中に、目指す山宮神社が鎮座している。

当神社では、二月の第一日曜日に春の先駆けとして、四百年ほど続くという「ダゴ祭り」が行われている。このダゴ祭りは平成三（一九九一）年三月二十二日、県の無形民俗文化財に指定されたが、その指定理由と内容は次の通りである。

≪二月初めに行われる春祭りで、その年の豊作を祈念する農耕の祭りである。ダゴ祭りは、曽於郡の志布志町と松山町にある珍しい形態の春祭りで、志布志町田之浦の山宮神社のダゴ祭りはその代表的なものである。

神社に奉納するダゴ花は、二メートルほどの太い竹竿の頂にワラをまきつけ、それに三百本以上の団子の串をさしたものである。串には米の粉でつくった紅白の団子とニンジン、ピーマンなどがさしてある。この串のほか、椿や梅、南天、キンカンの枝などもさし、ダゴ花は色彩り豊かな美しいものとなる。このダゴ花は稲穂にみたてられている。

祭典の後、青鬼神、杵舞、十二神剣舞など、現在は二十番の神舞が伝承されており、そのうち数番の神舞が毎年、新暦二月一日に山宮神社に奉納されている。

祭りの終りには、ダゴ花の串をぬいて参拝者に配られる。》

こうした山宮神社のダゴ祭りは、午前十一時から神事が始まり約四十分ほど続く。しばらく休憩の後、正午から右記のような神楽舞の奉納があり、中でも「田の神舞」が秀逸。田の神と田吾作《たごさく》（昔、農民をいやしんでいわれた言葉）が鹿児島弁で軽妙な掛け合いをし、参詣客は大笑い。

神楽舞が終わるとまた暫く間があく。やがて午後一時、田之浦地区十二集落のうち九集落と田之浦小学校、中学校（田之浦中学校は平成二十六年三月に閉校となった）が奉納した十一本のダゴ花（平成二十六年）が参道に一列に並べられる。両側に待ち構えた参詣客は合図とともに、先を争ってダゴ花を抜き取る。多い人は片手一杯になるほど抜き取るが、少ない人でも数本は手にすることができる。とはいっても、うかうかしていると一本も取れないこともあるそうだ。ダゴ花を食べると病気や災難に遭わないとの言い伝えがある。

また、五穀豊穣を願って床の間に飾ったり、ダゴを抜いた串を田の水口に挿すと、モグラ除けや虫除けに効果があるという。

ところで、この山宮神社は、社伝によると和銅《わどう》二（七〇九）年、天智《てんじ》天皇の廟所《びょうしょ》（貴人の霊を祭ってあるところ）を山阿《やまくま》（＝御在所嶽）の山頂に建て、山裾に天智天皇の第一皇子である大友皇子を祭り、山口大明神としたのが始まりとされる。

天智天皇が山頂に祀られたのは次のような伝説による。

昔、天皇が南九州地方を行幸された時、指宿の開聞《かいもん》に愛する玉依姫《たまよりひめ》を訪ねられた。その後、志布志に赴き、開聞の位置を確かめるために志布志で一番高い御在所岳に登られたから、天皇崩御後その御霊《みたま》を山頂に祀った、というのがそれである。

やがて、大同《だいどう》二（八〇七）年六月山頂の山宮大明神を山裾に移して現在の田之浦山宮神社とし、さらに同年八月、山口大明神が安楽《あんらく》の地に移され、ほかの五社を合祀して**山口六社大明神**と称した。今の安楽山宮神社がこれである。

この山頂の山宮神社と山裾の山口神社の関係は、山岳そのものを神格化してこれを崇め、山裾に祭る社としての里宮を置くという、日本各地に古くから見られる山岳信仰の形を取っている。

山岳そのものを神格化する信仰は上代から日本各地に見られるが、富士の浅間《あさま》（センゲンと読むこともある）神社のように山宮と里宮に分けられるものが多く、山宮は山頂にあって祖霊の鎮座する聖地と考えられ、里宮はこれを祭る社である。田之浦山宮神社の最初の形である山頂の山宮神社と山裾の山口神社の関係もこれと同じである。

ところで、田之浦山宮神社は以前はこの宮地ではなく、現田之浦小学校後方の山裾にあったとされ、その宮跡が今も残っている。また神の性格としては、この神社に多くの鹿角が奉納されていたことから、元来は狩猟神であったが、後に農耕神としての性格をそなえてきたものと考えられる。

(『かごしま四季を歩く(秋・冬編)』、「鹿児島県教育委員会ホームページ」、『志布志町誌』、「南日本新聞」、『新薩藩年中行事』)

松山神社(志布志市松山町新橋)

田之浦山宮神社から一週間遅れの二月第二日曜日に、この松山神社でも、ダゴ祭りが行われている(口絵4)。

志布志市松山支所のすぐ上にある松山城跡の一角に鎮座する当社では、午後一時半から神事が始まり、約三十分ほどで終わる。その後、境内に設けられた斎場の中で、保存会による松山神舞が奉納される。

最初に長刀を抱えた男性が荘重な踊りを披露した後、次にもう一人の男性が加わり、今度は採り物を変え、二人での大刀の踊りとなる。

こうした行事が済んでから、神社に奉納されているダゴ花のダゴを引き抜き、各人それぞれ頂いて家に持ち帰る。前記の田之浦山宮神社では観客が多く、うっかりするとダゴにありつけないこともあるが、この松山神社では山宮神社に比べて参拝者は少なく、思い思いに十分な数のダゴを得ることができる。

なお、この両社以外にも志布志市松山町泰野《たいの》の**早鈴神社**、同町尾野見《おのみ》の**霧島神社**で、それぞれ三月上旬にダゴ祭りが行われている。

七、二つの神社で一体の「春祭」

山宮神社（志布志市志布志町安楽）
安楽神社（志布志市志布志町安楽）

志布志市志布志町安楽《あんらく》の山宮神社は、ＪＲ日南線志布志駅から北西方向四キロメートルほどの所にある。駅近くの国道２２０号線を鹿屋方面に道を取り、安楽温泉前の信号を右折しそのまま直進すると、この神社の境内が左手に見えてくる。

神社では二月の第二土曜日に春祭りが行われており、その日のうちに山宮神社の神輿《みこし》が二キロメートルほど離れた安楽《やすら》神社に下る。翌日の日曜日に安楽神社で打植祭が行われ、この両者が一体となって一つの春祭りを構成している。

県は昭和三十七（一九六二）年十月二十四日、「**山宮神社春祭に伴う芸能（カギヒキ、正月踊）**」として無形民俗文化財に指定している。山宮神社の春祭りと安楽神社の打植祭について、

≪この二つの祭りは重複した行事がないことから、二つの祭礼が連続したものと見られる。両者とも県内に多く見られる春祭りで、その年の豊作を祈願する祈年祭である。

山宮神社の春祭には、「お田植」といって、稲に似せた竹串を境内に植える行事や浜下りがある。安楽神社では境内を田にみたてて、木鍬で耕す「田打」、牛面を被ってモガを引く「牛使い」、種籾をまく「種まき」がある。拝殿の中で、神職が、モロムギの枝をもって舞う「田植舞」は、他に例をみないものである。境内では青壮年たちが、田を打つカギで「カギヒキ」をする。青壮年たちが、頭巾で覆面し、紋付羽織にモモヒキ姿で「正月踊り」とも「手拍子」ともいう、風流系の踊りをすることも有名である。

カギヒキや田植舞、田の神夫婦、正月踊りなど他にみられぬ複雑な要素を内容としているところに特色がある。≫

と、指定理由について説明している。

山宮神社（志布志市志布志町安楽）

一日目の山宮神社の春祭りでは午前十時に社殿内で神官や地域代表による神事が始まり、それと並行して鳥居前の駐車場広場で後に出てくる「正月踊り」が舞われる。

社殿内の神事では、神事の途中で参殿していた関係者たちが一度外に出て、神官を先頭に社殿を三回まわり、その後、本殿横の模擬水田（およそ縦一メートル、横一・三メートル、高さ二十センチメートルほどの田に見たてた砂場）に、これも稲に見立てた竹串を刺す「お田植え」がある。竹串の上端には紅白の四角い紙がはさんである。

「お田植え」が済み、再び社殿内に戻った人々の前に、今度は田の神夫婦が入って行く。

氏子総代と、この田の神夫婦との間で焼酎を酌み交わしながら田作りに関する問答が繰り広げられる。総代がいろいろ質問するが、田の神夫婦は一言も言葉を発せず、ただ「う〜んっ、う〜んっ」と言うばかりで、時折、持参した身の丈《たけ》半分もあろうかと思われる木の杓子《しゃくし》の柄のほうで、ドンドンと床を突き、その音に見物人は驚かされる。

総代の軽妙なユーモアを交えた田の神とのやりとりも、やがて田の神が五穀豊穣の方向を示して終わり、田の神夫婦は社殿の外に出て行く。

境内で待機していた約二十人ばかり（年によって増減がある）の正月踊りの人々が再び踊り出すと、この田の神夫婦もともに踊り出す。しかし、男の田の神は総代と酌み交わした焼酎が効いたのか、かなり足元がふらつき、時折倒れ伏すこともある。

正月踊りは、かつて正月の「卯」の日に行われていたためにこのように呼ばれ、九つの踊りで構成されている。古くは南九州の近郷近在から踊りを奉納に来ていたものだが、明治以降地元の青年によって受け継がれ、現在は子供たちも含めた保存会によって踊られている。

踊りの服装がまた、ほかに類を見ない特徴的なものである。下はモモヒキ、上は黒の紋付きを着て博多帯。顔を黒のお高祖頭巾《こそずきん》ですっぽりと包み、目だけを出している。それを神紋が付いた三角の白布で後から前に結び、さらに、大きな手甲の脚絆《きやはん》、黒足袋、カッポレ、左腰に手拭い、右腰に猿の子人形を一本の紐に何匹も吊り下げるといった具合である（口絵5）。

この正月踊りは、三味線や鉦・太鼓の賑やかな囃子《はやし》に乗って、滑稽な踊りが繰り広げられるが、顔を隠すことで神を表すとされている。

正月踊りを最後に、約二時間ほどで境内の中の行事は終わり、山宮神社の神輿は、浜下りの形式で神社から南の方向に一キロメートルばかり離れた安楽《やすら》神社に御幸されていく。

安楽神社（志布志市志布志町安楽）

二日目は安楽神社で午後二時から、このお宮での伝統行事「打植祭」が繰り広げられる。その模様は、山宮神社の「神社案内パンフレット」に精《くわ》しく書かれているので、それを参考にしながら以下説明することにしたい。

「田打」 拝殿内での神事が終わると、境内に幾枚かの蓆《むしろ》をしき、その上で神職によって田打ちと種蒔《ま》きが行われる。蓆の中には、百年は経っているといわれる由緒深い物もあるそうだ。元は庭先に柴垣を作ってそこから登場人物が出たということだが、今は拝殿から出てくる。

まず男面をかぶり烏帽子《えぼし》、狩衣《かりぎぬ》を着た男が木製の鍬を持って登場し、蓆の上を田に見立てて田をならし、畦《あぜ》ならしの真似《まね》をする。それがほぼ終わったころに女装したアネボが登場。顔には白い女面をつけ姉さん被り。カスリの着物に女帯をしめて白足袋、頭の上に握り飯の入った諸蓋《もろぶた》をかんめて（載せて）出てくる。

男は喜んでアネボに抱きつく。性的な意味があるらしい。この前にアネボのお産ということが行われる。アネボは登場する前に金の入った財布を懐に入れている。それが、歩くと褄《つま》から下に落ちるようになっていて、早く落ちると安産、なかなか落ちないと難産だという。

見物人はアネボのお産を見て作占いをする。安産の時は豊作だといって喜び、男はアネボから握り飯入りのモロブタを貰う。

「牛使い」 田打ちをした男は、次に鞭《むち》を持って「ビョービョービョー」とベブ（牛）を呼ぶ。別に馬鍬《もか》を持った神職が出て二人で牛を探す。いろいろな滑稽な問答を即興的にしながらの牛探し。見物人の中からいろいろの知恵が授けられる。やがて牛が暴れながら出てくる。牛の面をつけた赤いぬいぐるみの中に入り、四つんばいで暴れ回る。傍に子ベブ（牛）もついている。幼児が中に入った子ベブは親牛から離れて這い回ったり、あるいはくっついたりしながら独自の動きをするが、その仕草が何とも可愛く、思わず目が釘付けになってしまう。

暴れ回る牛を男はやっとつかまえて鼻に竹を結びつけて引き、モカを押す人がモカをつけて後から田をヨム真似をする。これで田ごしらえが済む。

「**種蒔き**」　田ごしらえが済んだところで、別の神職が三方《さんぽう》に入れた種籾《もみ》を持ってきて田に蒔く。

「**田植舞**」　種まきの次は田植舞となるが、これは四人の神職が拝殿の中で舞う。右手には鈴を持ち、左手にはモロムギとイヌカヤの実のなった小枝を束にしたものを持って舞う。このモロムギは稲の苗代《なわしろ》で、イヌカヤの実は米になった様子を表す。この舞に使ったモロムギを持ち帰って田の水口に立てると稲の出来が良いといい、村人はこれを争ってもらう。神舞らしく歌に合わせて四方対称的な、きちんとした舞が舞われる。

「**カギヒキ**」　田植舞が済むと、午後三時ごろから、莚を取り払った境内でカギ引きが行われる。前もって用意される鈎《かぎ》は、雌カギと雄カギの計六本でともに一間（約一・八メートル）ほどのカシの木の枝先にカギのついたもの。雄カギの方が少し長く、選ばれた六人の青年たちがそれを持ち拝殿に向かって並ぶ。拝殿の上には数人の神職が、それぞれに長いナエ竹の先に笹のついたものを持ち、これも青年たちと相対して並んでいる。並んだ神職たちは竹を振りつつ歌う。そして歌いながら拝殿上よりナエ竹を静かに振って地上を打つ。

それを合図に六人の青年は、手に持ったカギを鍬をふるように振り上げ、掛け声とともに振り下ろして土を耕す。この動作を三回つづける。これが済むと六人は二組に分かれ、カギを持って境内の北側と南側に相対して向かい合う。

　カギ引きが始まると、相手のカギに自分のカギを引っかけようとしたり、あるいは相手の足に引っかけて倒そうとする。相対する三組のうち一組のカギがかかると、ほかの二組は自分たちのカギを捨て、その一組のカギに集まって三人ずつの引き合いとなる。前もって引いてある線を越えて引き込んだ方が勝ちとなる。見物人は熱心に応援し声援を送る。このカギ引きに上が勝つと農作物が豊作、下が勝つと豊漁に恵まれるといって熱心に引き合うのである。

第５図　カギを引き合う若者たち

「**田の神の参拝と豊凶の占い**」　カギ引きが済むと次に田の神夫婦が拝殿に上がって参拝する。

　田の神の男は、綿入れの大きな夜着を後ろを吊り上げて着て、縄の帯、顔はお高祖頭巾を被り、コシキの大きいのを菅笠のように被っている。脚絆、黒足袋で右手には大メシゲ、左手には性器を意味する竹筒をもつ。

　妻（ウッカタ）は女神で、これも手にはシャモジとスリコギを持ち、裾が散らし模様の木綿の衣装を着ている。お高祖頭巾に風呂敷を被り手甲、白足袋といった装いである。

　二人は拝殿にのぼり、神様を拝みお神酒《みき》を頂く。男の田の神は神主や氏子代表たちと今年の豊凶についてあれこれ話し合い、その後拝殿を出て行く。

田の神が外に出ると、境内に再び蓆が敷かれる。その準備の間、田の神夫婦は境内土手に設けられた席に腰掛け、参拝客が連れてきた幼子を抱き上げる。中には泣き出す子もいるが、田の神に抱かれた子は、丈夫に育つということで、その泣き声も人々の優しくて温かい笑みを誘い出す。

「正月踊り」 行事の最後は昨日と同じように「正月踊り」で締めくくられる。田の神夫婦も、ともに踊ったり、あるいは、境内を歩き回りながら、滑稽な動作で踊りの場を盛り上げる。さらに近寄ってくる観客を、線を引いてそれより外に押し戻したりしながら、場内の整理も行う。

この日も約二時間で諸行事が終わり、境内に安置されていた二台の神輿《みこし》は、軽トラックの荷台で運ばれ山宮神社へ帰って行かれる。


なお、山宮神社、安楽神社の両社とも、神社にまつわる興味深い伝説が残されているが、それらについては拙著『鹿児島ふるさとの神社伝説』（南方新社刊）に記載しているので、それをご覧頂くことにして、ここでは割愛したい。（「鹿児島県教育委員会ホームページ」、「山宮神社の神社案内パンフレット」、『かごしま四季を歩く（秋・冬編）』、「南日本新聞」）

八、妹神が姉神を訪ねる「御崎祭り」

御崎神社（肝属郡南大隅町佐多馬籠）
近津宮神社（肝属郡南大隅町佐多郡）

毎年二月の中旬、本土最南端に位置する南大隅町佐多地区で、春の訪れを告げる「御崎祭り」が行われている。この祭りは「女神、空飛ぶ奇祭」とか「ほかでは見られない、静かな、厳粛な浜下り神事」、あるいは「日本の春を告げる、最南端の奇祭」などと称され、大隅の人々を中心に尊崇を集め、多くの参拝者・来訪者を引きつけている。

かつては旧暦の二月十九日から二十一日にかけて行われていたが、現在は新暦で二月の第三土曜日・翌日曜日に実施されている。

この祭りは、佐多岬にある御崎《みさき》神社の妹神が、約二十キロメートル離れた郡《こおり》集落にある近津宮《ちかつのみや》神社の姉神に新年の挨拶に行くと伝えられる伝統行事で、千三百年も続いているという。

平成十七（二〇〇五）年四月十九日、県の無形民俗文化財に指定されている。

≪佐多岬の御崎神社で毎年、二月中旬に行われる春祭りである。

ミサキシバに依りついて神輿《みこし》に収まった海神の御神幸行列が近津宮神社までの各集落を回り清めながら、集落の神々と人々に新しい生命力を与えるという特色ある祭礼である。

また、祭りの中で行われる打植祭りと神舞は、日本最南限のもので、以南の南島には見られない。》

とあるが、以下これらについて補足してみたい。

まず、御崎神社について。

この神社は昔から日本本土最南端の守護神として名高く、昔から薩隅の人々は篤く敬い、一家の安泰を祈願していたが、現在さらに交通航海安全、五穀豊穣および縁結び・安産・商売繁盛の神々として、県内外より多くの参拝客を集めている。

当地方の古い伝説では神代の昔、伊邪那岐命《いざなきのみこと》が日向の国より大隅国の南端佐多岬へ降臨され、御崎の突端にある大輪島海辺の「おほごの瀬」で禊祓《みそぎはら》いをされ、その時に生まれた御子神たちに大八洲を守護せよと命じられたといい、現在このお宮に祀られているご祭神は、その時の神々、底津少童命《そこつわたつみのみこと》、中津少童命《なかつわたつみのみこと》、表津少童命《うわつわたつみのみこと》である。

しかし、この「御崎祭り」での神は祭神の男神ではなく、二人の女神で、ともに海神である。

海神で二人の姉妹神といえば、記紀（『古事記』と『日本書紀』）の中にみられる豊玉《とよたま》姫と玉依《たまより》姫を思い起こすが、この神々と同じかどうかは定かでない。（豊玉姫と玉依姫については１５２ページ参照）

近津宮神社も現在のご祭神は底津少童命で男神であるが、この祭りでは姉神となっている。ともあれ、御崎祭りはもともと、姉神の所在が不明だったので妹神がその所在（神社）を探しに行かれたのが始まりだといわれている。だが、近津宮神社にお居《い》でになることがわかり、今では妹神が毎年新年の挨拶のため、姉神を訪ねられるようになったというのだ。

祭りの一日目は午前六時ごろに神事が始まる。御祭神の神霊《みたま》を御崎柴《みさきしば》という御崎神社周辺に自生するマルバニッケイの葉にいったん移すものであるが、平成二十五（二〇一三）年までは秘密裏に行われていた、とのことである。

その後、六時半ごろ、神様の依代《よりしろ》（神霊が招き寄せられて乗り移るもの）になったこの御崎柴を神官が神社から約四キロメートル離れた一番目の氏子集落の田尻《たじり》まで運ぶ。田尻の御旅所《おたびしょ》には姉神のいる近津宮神社に保管されていた神輿が待機していて、御崎柴から神輿に神霊をお移しする「オシバ移し」の儀式が行われる。なぜ、このように回りくどい手順をとるかといえば、今でこそ舗装されてかなり楽になったとはいえ、なお御崎神社に至る道が狭くて険しく、重い神輿を担いで上り下りすることが不可能だったからだそうである。

浜下りとも呼ばれるこの御崎祭りが、一般的な御神幸行列と最も異なる点は、このように御崎神社の神様を運ぶにかかわらず、御崎神社自体の神輿がなく姉神のものを使用されるところにある。

さて、田尻で御祭神をお乗せした神輿は、「七浦」と呼ばれる田尻、大泊、外之浦など七集落の氏子たちによってリレーのようにバトンタッチしながら担がれて行く。中継地点となる御旅所には、各集落の氏神様を祀った祭壇が設けられ、氏神様が農業神であれば五穀豊穣祈願、恵比須様なら大漁祈願といった具合に古式にのっとって神事が行われる。神事の後、各集落では直会《なおらい》が行われるが、その際、少しでも長いご滞在を願うために、コロベと呼ぶ、中身を取り出すのに手間暇《てまひま》のかかる一センチメートルにも満たない小さな巻き貝を出してもてなす集落もあるという。長く居てもらえばそれだけ多くの安泰と幸福が得られる、と考えられているからである。

こうして各浦々をめぐり、神輿は進んで行くが、御神幸の最大の難所が最後の場面で待ち構えている。古里集落から坂元集落に下りていく険しい山道がそれである。「どんひら坂下り」と呼ばれ、舗装道路を外れ、曲がりくねった急傾斜の山道を約五百メートル下って行く。崖下が迫り、道幅は狭い所でわずか一メートルほど。担ぎ手たちは掛け声に合わせ、起伏に応じて隊列を変えながら約三十分、慎重に歩を進める。雨が降ったり雪が積もったりしたときは足が滑り、転びそうになりながらも神輿を支えて下がっていく、という難行苦行である。

神主の「神様が昔からの道を通りたいとおっしゃった」の一言で、進むのに楽な新しい道から元の険しい道に変わったということである。

このような難所を経ながら、午後三時ごろ近津宮神社下の仮宮に着くが、「どんひら坂下り」でも理解されるように、道路や車が未整備な昔は、日の出前に出発しても郡《こおり》に着くころには日が暮れてしまったため、日を改めて姉神とお会いするということで仮宮が設けられたとのことである。

しかし、今では各集落までの途中は車で運ばれ、集落の前から御神幸が始まるので、それだけ時間が短縮され早く着くようになった。だが仮宮の制度はそのまま残されている。

仮宮で一夜を過ごした神輿は、翌日の正午から始まる神事の後、賑やかな笛と太鼓の音の中、目の前にある近津宮神社参道の急坂を勢いよく上がり、姉神と対面する。参道は大人二人がようやく通れるような細い山道である。

ここでまた一つの見物《みもの》がある。

御崎祭りで、御神幸行列を構成するのは先払い、鉾、傘、神輿の担ぎ手、祭り関係者などであるが、中でも花形とされるのは神輿を先導する鉾である。五、六人で交替しながら務める。昔は、鉾担当は尾波瀬《おばせ》という集落の氏子と決まっていたが、伝統の継承を考え、数年前から各地区が持ち回りで受け持っている。

鉾は長さ約二・五メートルで、それを支える支え棒は四・六メートルほどあり、穂先には赤や青の色布で作られた旗が下げられている。旗は各集落の氏子が、家内安全や健康長寿、学業成就などを祈願して奉納するもので、多いときには十本近くの旗が鉾先につけられる。

鉾のみどころは独特の所作だ。御旅所などで神事を行う際、鎮座した神輿に向かって、腰から回した「ユテ」と呼ばれる白い布に、鉾の末端を引っ掛けて支え持ち、腰を支点に片手で捧げ持った鉾を少しずつ前に倒していく。そして、地面すれすれの高さに鉾先を保ちながらすり足で近づき、鉾先を祭壇に触れる。旗が吊り下げられている鉾先は重く、鉾を水平に保つのは相当な腕力が必要という。見ていると簡単そうだが実際にやってみると非常に難しい、と関係者の話。鉾は御神幸の道中、店先にお神酒をお供えしている商店があれば、鉾を店内に差し入れ、商売繁盛祈願をするという役目も担っているとのことである。

この鉾が仮宮の所から地面すれすれに、前に立つ鳥居まで進んでいく。鳥居の先は崖で遮《さえぎ》られ、直角に曲がる急な階段が上へと続く。ここを直角に曲がるにはそれなりの技と力が必要だ。うまく回ると見ている観衆から大きな拍手が起こる。階段は途中からヘアピンカーブになっており、鉾の持ち手が替わる。このようにして鉾は近津宮神社の境内に入っていく。

鉾の後には傘が続く。これは先端が鉾でなく、大きな傘になっているだけで、後は全く変わりはない。

境内に入った鉾と傘は、境内の周りを練り歩く。集まった人々は、鉾に垂らされた布の幣や傘に張られた布に触れると家内安全、心身の健康が得られるということで、進んでその身を乗り出す。しかし、鉾、傘、神輿を浄めるために、絶え間なく上方へ投げかけられる焼酎の雨が振りかかってくるので、注意が必要だ。

「去年はずっぱいかけられて大変じゃたがよ（去年は沢山かけられて大変だったよ）」

「いけんすりゃよかろかいね（どうすりゃいいのかね）」

と観衆の会話が耳のそばで聞こえる。

こうして妹神と姉神との対面の儀はクライマックスに達し、その後、五穀豊穣を祈願する「打ち植え祭り」が行われる。境内の庭を田んぼに見立て、木製の牛を引き出して田を耕し、植えるまでの行事を行うものである。農作業の様子をユーモラスに演じ拍手と笑い声で包まれる。「打ち植え祭り」の後は「神舞」が奉納され、この日の祭りが締めくくられる。

二日目の祭りが終わって翌日、妹神は御崎神社にお帰りになるが、行きは陸路を一日がかりだったものを、帰りは空を飛んで、あっというまに帰って行かれる。長い間その場所が忘れられていた近津宮神社の南西方向にある中岳からであるが、その場所は、はるか先に佐多岬が見下ろせる所である。（「南大隅町地域包括支援センター発行パンフレット」、「鹿児島県教育委員会ホームページ」、『ふるさとのお社』、「南日本新聞」、『かごしま四季を歩く（秋・冬編）』、『佐多町誌』）

九、雄カギと雌カギの「カギ引き」で豊作祈願

中津神社（鹿屋市上高隈町）
山宮神社（鹿屋市串良町細山田）

春祭りにカギ引きを行う例は大隅半島に多く見られるが、このカギ引きとは、榎や桜、楡《にれ》などの大きな股木二本（雄カギと雌カギ）を互いにひっかけて引き合う行事（神事）で、「神木引《かんぎひき》」とも

いわれている。

日本民族だけでなく、東南アジア諸民族は、天地自然に霊性が宿っていると考え、そうした原始的で素朴な信仰、すなわち精霊信仰（アニミズム）が古くから社会的信仰となっていた。

「カギ引き祭り」も、この信仰に基づくものといえる。というのは、秋の放生会《ほうじようえ》（ほぜ祭り）で報恩感謝の饗応《きようおう》を受けた神は、新嘗祭《にいなめさい》の後、山に上がって冬ごもりをし、年明けて再び里村に降臨される。その時「カギ引き」の木が、神の依代《よりしろ》になるといわれているからである。また、そこから「神木引《かんぎひき》」の別名が生じているのである。

このカギ引きでは、引き勝ったほうが豊作を約束されるといわれるが、雄カギと雌カギを絡ませて引き合うところから男女の交合に擬《なぞら》えて、子孫繁栄と五穀豊穣を願う一種の感染呪術（注）とも思われ、また後で述べるように農耕の過程の中での田打ちにあたるともいわれている。

ともあれ、そのカギ引きの中でも「**日本一のカギ引き**」を誇るのが、鹿屋市の無形民俗文化財に指定されている、上高隈町の中津神社で行われるそれである。

もとは旧暦二月の卯の日に行われていたが、今は二月の第三日曜日に実施され、同日の早朝、直径三十センチメートル、長さ十～二十メートルほどの二股の雌木と、その二股の片方を一メートルの長さで切り落とした鉤状の雄木を上高隈町と下高隈町のそれぞれが地元の山から切り出し、境内に持参する。

神事は午前十一時から始まり、いろいろの奉納行事（郷土芸能など）があった後、本命のカギ引きは午後二時からの開始となる。

上・下の両高隈地区が二手に分かれて、根元がV字状の雌カギとレ状の雄カギとを絡ませて引き合うのだが、なにしろ前述のように、直径三十センチメートル、長さ十〜二十メートルほどのものなので、「上（高隈町）、あと一メートル前！　行き過ぎた、五十センチ後！」と審判員がマイクで調整しても、その大きさと重さのせいで定位置に置いて絡ませるまでが大変。雄木を持ち上げて雌木に絡ませようとするが、なかなか絡めることができず、引き合いに入るまでに時間がかかる。やっとのことで木が絡まると、焼酎を飲んで気合いを入れた引き手たちは幹や枝に群がって勇壮に引き合う。それぞれの木は枝分かれの多いものが選ばれ、両地区民はもとより、誰でも勝手に枝を持って引き合いに参加できるようになっている。この時も頭の上に撒かれた浄《きよ》めと勢いづけの焼酎が体に降りかかってくる。

引き合いの結果、木が裂けるか、大きく引き込まれた方が負けとなる。三回勝負で先に二勝した方が勝ちとなり、勝った地区が豊作という。勝った方の木の枝は家内安全のお守りといわれ、参加者がそれぞれ折り取って持ち帰る。このカギ引きは別名「**けんか祭り**」ともいわれるように、両地区の対抗意識は激しいようである。

カギ引きが終わると、木で作られた小型の模型の黒牛が引き出され、神官によって「牛ほめ」の祭文が読みあげられる。その祭文がユニークなので、口語訳したものを次に掲げておこう。

「春が来ると、小山田の堰《せき》によって、水の使い方は思いのままでございます。再拝、再拝、恐れながら中津大明神の小特牛《こってうし》の誉言葉《ほめことば》を申し上げます。

この小特牛は、言葉で言い表せないほどすぐれています。まず、突き出た左の角《つの》で、この所の悪事災難を突き払います。また、右の角は、福の神がおいでになりますので、八姫童子の食物の神を入れます。二つの耳は北斗七星です。左の眼《まなこ》は日の神、右の眼は月の神、鼻は龍神、そして、口は精製したより抜きの白米を噛んでいます。四つの足は四天王（仏法を守護する四柱の神）八つの爪は、火の神、竈《かまど》の神と誉めまつります。春になったので、四方の谷川を堰き止めて野も山も田に作りたいものです。」

この祭文が読みあげられた後、誉められた牛を牛使いが引き、後ろにつけられたワタイモガ（木製馬鍬）で田に見立てた境内を回って代掻《しろか》き（水もれを防ぎ、苗の活着・発育をよくするなどのため、田植え前の田に水を満たし、鋤や馬鍬などで土塊を砕き田面を平らにする作業）をする。その後餅まきがあって、午後三時ごろすべての行事が終了する。

鹿屋市街地から国道５０４号線を霧島市牧之原方面に進み、高隈小学校の前方に見える鳥居を上がった所に当神社が鎮座している。

ちなみに中津神社の名前は、祭神の中津少童命《なかつわたつみのみこと》からきているが、この神は『記紀』（『古事記』と『日本書紀』）によると、伊弉諾尊《いざなぎのみこと》が伊弉冉尊《いざなみのみこと》の亡き後を慕って黄泉《よみ》の国を訪れたが、その醜《みにく》い姿に驚いて逃げ帰り、穢《けが》れを祓うために「日向《ひむか》の小戸《おど》の橘《たちばな》の檍原《あわきはら》」で禊《みそ》ぎをし、その際、ほかの神々とともに生まれた神とされている。

「日向の小戸の橘の檍原」がどこであるかについては、宮崎県の大淀川河口付近ではないかとする説や、福岡県内にそれを求めるものなどがあるが、曽於市末吉町にも檍という地名があり、そここそが『記紀』記載の地であると、古くから信じられ、同地の檍《あおき》神社の祭神として伊弉諾尊、伊弉冉尊とともに祀られている。

同様の伝説は、前項の御崎神社にも残されていることはすでに述べた通りである。当中津神社も、そうした流れをくむものかも知れない。いろいろな想像をめぐらせるのもまた楽しいものである。

（『ふるさとのお社』、「南日本新聞」、『鹿屋市史（上巻）』、『高隈を語る（第Ⅲ集）』）

（注）イギリスの人類学者フレーザー（一八五四〜一九四一）は、さまざまな呪術（超自然的な存在や力＝呪力を動員してさまざまな目的を達成・実現しようとする行動と観念または信仰）は類感呪術（模倣呪術）と感染呪術（接触呪術）の二つに大別されるとしている。

類感呪術（模倣呪術）は「類は類を呼び、結果は原因に似る」という類似の原理に基づくもので、例えば雨乞いのため水をまき太鼓を叩く行為は、降雨（水まき）と雷鳴（太鼓叩き）の模倣であるとする。

これに対し感染呪術（接触呪術）は「いちど接触したものは、離れたのちにも影響し続ける」という感染・接触の原理に立つもので、他人の毛髪を焼き、持ち物を破ったりすることで相手に災厄が及ぶと感じる、などがこれである。

藁人形に釘を打つ行為は類感呪術であり、身代わり人形を病人の身体に擦りつける行為は感染呪術だといえよう。(『日本民俗大辞典・上巻』)

山宮神社（鹿屋市串良町細山田）

中津神社から東南方へ、直線距離にして五、六キロメートルほどの所にあるこの山宮神社でも、中津神社と同じ二月の第三日曜日にカギ引きが行われている。

県が無形民俗文化財に指定している「**山宮神社春祭に伴う芸能（田打、カギヒキ、正月踊）**」の中の一つである。そして、指定の理由として、

≪春祭は旧正月二十三日であったが現在は二月の第三日曜日に行われる。祭の中で細山田内の集落（堂園、生栗須、馬掛など）から棒踊が奉納される。この中でも馬掛集落の棒踊は踊り手が紫の布で覆面をすること、踊の先払いにタカビ（高幣）という鉾状のものがつき、踊りの後山といって歌い手がシイの枝を立て回した中から歌うなどの特徴がある。

カギヒキは踊のあとで行われるが榎・桜の木などの巨木を山から切り出し、神社の座元の堂園集落などでは女カギ、生栗須集落などは男カギを用意する。女カギの木の股に男カギのカギ枝を引っかけてそれぞれ氏子達がにぎやかに引き合い、三回勝負する。勝った方が豊作になるという（カギヒキは農耕の田打ちにあたるともいう）。

カギヒキが終ると、太郎・次郎が模型の牛にワタイモガ（木製馬鍬）を引かせて田をならす動作をし、神主がその上に籾種とニワトコの若芽を束ねたものを蒔いて祭が終る。

南九州におけるカギヒキ神事の代表として古形を保っているものである。≫

と、「南九州におけるカギヒキ神事の代表として古形を保っている」ところに特徴があるとしている。

ただし、指定当時は三回勝負であったようであるが、筆者が参観した平成二十七（二〇一五）年では一回のみであった。

午前十一時から神事が始まり、三十分ほどで終わる。その後しばらく間を置いて、正午から棒踊りとなる。

この棒踊りは堂園、馬掛《まかけ》、生栗須《いくるす》の順でそれぞれの集落の保存会が奉納する。堂園、生栗巣は少年少女で構成され、いずれも木刀を持って踊る。これに対し馬掛は、大人たちで紫の覆面に白鉢巻、また、採り物も本来の六尺棒である。踊り手はいずれも十二人。踊り手の後ろに背丈を少し超えるぐらいのシイの枝（下半分の枝を落とし、上の方だけに枝がある）を持って身を隠した歌い手たち（後山《あとやま》といい、その人数は、三地区で違いがあり数人から十数人）が、横に並んで歌を歌うところに、ほかの神社で奉納される棒踊りとの違いを見ることができる。

棒踊りが終わって十二時半ごろからカギ引きが始まる。その内容は先の中津神社の時とほぼ同じである。ただし、使われる木は直径が十五～二十センチメートル、長さも十メートルほどで、中津神社のものに比べてやや小振りである。また、こちらでも終わった後の木の枝を折り取って、お守り代わりに持ち帰るところは同じである。

カギ引きが終わると、田に見立てた境内を白衣に直垂《ひたたれ》、頭に立烏帽子《たてえぼし》をかぶった神官風の太郎と次郎が、模型の牛（木製で赤褐色）に木製のワタイモガを引かせて田をならす所作をする。この「田打ち」では、太郎と次郎の鹿児島弁でのユーモラスなやりとりがあり、集まった観客を笑わせる。その後、神官が籾種とニワトコの若芽を束ねたものを蒔き、その籾種を拾って田圃に蒔くと豊作につながると言われている。

籾種蒔きの後に地元の少年少女および青年たちによる少林寺拳法の演技が披露され、人々の目を引きつける。それが終わってから、再び棒踊りの奉納がなされ、午後一時半ごろ、すべての行事は終了する。

この山宮神社は、鹿屋市街地から国道２６９号線を大崎方面へ直進し、細山田中学校を過ぎ、やがて、曲がりくねった坂道にかかる。その坂道の途中の生栗須バス停から左折し、五百～六百メートルほど進むと、串良川に架かる堂園橋に至る。その手前の左手に見える鳥居から、階段を上がった杉木立の中に社殿が立っている。（「鹿児島県教育委員会ホームページ」、『ふるさとのお社』、「南日本新聞」）

十、鈴懸け馬が踊り跳ねる「初午祭」

鹿児島神宮（霧島市隼人町内）

南九州に春を告げる伝統行事「初午祭」は、毎年旧暦の一月十八日を過ぎた次の日曜日に霧島市隼人町内《はやとちょううち》の鹿児島神宮で開催されているが、この祭りを地元では祭りの日に因んで「十八日の馬」と呼んでいる。

花や鈴で華やかに飾りつけた馬が、太鼓・三味線・鉦の伴奏に合わせて首を振り、ステップを踏みながら踊り、その後ろには、揃いのハッピや浴衣で着飾った踊り連が、ハンヤ節調の歌に合わせて踊りながら付き添う。牛馬守護・五穀豊穣・家内安全・厄除けなどを祈る歴史ある祭りだ。

この祭りの起源については二つの説がある。その一つは観音夢見説である。

室町時代、鹿児島神宮の改築工事の監督として宮内《みやうち》にいた島津貴久が宿で休んでいた時、ある夜不思議な夢を見た。枕元に観音様が現れて、

「自分は馬頭観音である。長い間ここにいるが誰も顧みてくれる者がない。お堂を建てて私を祀ってくれないか。そうしたらこの国の守護神になり、末永く守ってやる」

と言ってすーっと消えてしまった。

翌《あ》くる朝、この話を宿元の神官に話すと、

「私も同じ夢を見た」

と言う。ちょうどそこへ神宮近くの日秀上人という偉い坊さんが碁を打ちにやってきて、

「その夢なら私も見た」

と言う。三人が三人とも同じ夢を見たのである。

「これはきっと観音様の有難いお告げに違いない」

ということで、獅子尾丘（隼人体育館の横）に正福院《しょうふくいん》観音堂を建て、日ごろ愛用していた碁盤を素材にして観音像を造り、祭りをするようになった。

それからは、夢を見たその日、旧暦一月十八日を縁日と決め、沢山の馬を観音堂にお参りに引いていくようになり、きれいに飾り立てた鈴懸け馬を踊らせたのが始まりだというのが観音夢見説である。

いま一つは御神馬の初詣《はつもうで》説である。

神宮の祭りに使われる馬（御神馬）を預かり飼っていた加治木町木田の人々は、成長した馬を神宮に納めに参詣していた。それが次第次第に馬踊りに変わっていったというのがこの説である。

木田地区では、昔から神様にお供えする米を作り、神様の御神馬を飼ってきた。木田の人たちは、このことを大変誇りに思い、名誉なことだと考えた。この光栄と感激を子孫に伝えるため、毎年一

月十八日（旧暦）を参拝日と定めて御神馬を洗い清め、美しく飾り、背中には金の鞍、胸には鈴を付けて参拝していた。やがてその美しい御神馬の初詣が評判になり、周りの村々も木田にならい馬を奉納するようになった。

沢山の馬が賑やかに神宮にお参りするうち、いつの時代からか、鉦や太鼓で囃し立て、さらに三味線を加え愉快に歌い踊るようになったのが鈴懸馬踊りだといわれている。こうしたことから、今でも木田の馬は御神馬として、常に一番最初に踊るようになっている。

祭りは午前九時半から始まる。前述のように、奉納踊りの先頭は加治木町木田の「神馬」という固い決まりがあるので、その御神馬を皮切りに、いろいろなグループの馬が後に続く。

まず、奉納馬は神宮の一之鳥居近くにある保食《うけもち》神社でお祓いを受け、この神社前でひと踊りした後、長い参道を通って境内の中へと向かって行く。馬に付けた鈴の「シャンシャン」という音は、次々に出発する奉納馬で午後三時ごろまで続き、終日、華やいだ雰囲気となる。

ところで、鈴懸馬がまず保食神社から出発するのは、次のような理由からだと言われている。

馬頭観音を夢見たので、この祭りが始まったということは前に見た通りであるが、もともと観音は三十三身に化身《けしん》するといい、馬頭観音もその化身の一つである。そして、月の十八日は「観音の縁日」とされており、従って、一月十八日は新年を迎えた最初の縁日で、初観音に当たり、この日参詣すれば結縁《けちえん》（仏道に入る縁を結ぶこと）できるとして多くの人々が参詣した。牛馬を飼育している人々が初観音の一月十八日に、牛馬を曳いて馬頭観音に参詣したのも当然で、「初午祭」の名称も、初縁日の初と、馬頭観音の午（馬）とを結んで創られたという。

こうした本来仏事である初午祭が、神宮で催されるようになった経緯は、明治初めの廃仏毀釈にある。それまで、馬頭観音祭を催してきた正八幡の神宮寺（神仏習合思想のもとに、神社に付属して置かれた寺院のこと）の弥勒《みろく》院も廃寺となった。しかし、祭りまで廃止するに忍びないとして、正八幡社の末社であった保食神社の祭神、宇迦之御魂《うかのみたま》が穀物霊だけでなく、牛馬、蚕の守護神として崇敬されていることで、弥勒院の馬頭観音を保食社の宇迦之御魂（＝牛馬の守護神）に結びつけて、まず保食神社のお祓いを受け、ひと踊りしてから奉納馬が出発するようになったのである。

保食神社前の踊りが終わると、参道を踊りながら進んできた奉納馬の舞台は、神宮境内に設けられた丸太囲いの踊り場に移る。少しでも良い場所で踊りを見ようと、押すな押すなの人だかりだ。石畳をパカパカと跳ね、ステップを踏む馬の周りを、鉦や太鼓、三味線に合わせた踊り連が囲む。馬がひとしきり跳ねた後は、踊り自慢が手踊りを披露する。

祭りの間通行止めになった参道付近には、数多くの出店が並び、植木や竹製品、農機具、日用品をはじめ綿菓子、たこ焼き、焼きイカなどが売られ、また、この初午祭の特産品ともいえるポンパチ（初鼓）も藁苞《わらづと》に刺して売られている。

祭りを見ようと多くの観光客が訪れ、その数は二十万とも三十万ともいわれ、県内伝統行事の中でも名あるものの一つである。

なお、この鈴懸馬踊りは、姶良市姶良町鍋倉の**稲荷神社**で、規模こそ小型ながら「**十九日馬踊り**」

として、鹿児島神宮初午祭の次の日曜日に、また、薩摩川内市の**新田神社**でも「**早馬祭**」の名の下に春分の日に行われ、賑わいをみせている。（「南日本新聞」、「朝日新聞」、『新薩藩年中行事』、『かごしま四季を歩く（秋・冬編）』）

十一、女性ばかりで舞われる「田の神舞」

天御中主神社（霧島市国分清水）

踊り手からお囃子《はやし》まで、すべて女性だけで伝承している県内でも珍しい田の神舞いが、毎年三月一日、霧島市国分清水《きよみず》の天御中主《あめのみなかぬし》神社で奉納されている。

通称「北辰さあ（ほっしんさあ）」と呼ばれ、地域民から尊崇され、また親しまれている当神社は、国分中心街から国道223号線を霧島方面に向かう途中、清水の信号から右に折れ、県道471号線（北永野田小浜線）を一・五キロメートルほど進んだところにある。

午前十時半より、年によって違いはあるが、十人前後の女性だけの田の神舞いが始まる。拝殿内に畳表を敷きその上で踊るものだが、しゃもじと鈴を手に、赤はかまに唐草模様のふろしき姿の田の神九人（平成二十六年）が、特異な面をつけて登場（口絵7）、音頭取りによる方言の口上と、笛や太鼓に合わせて軽やかに腰を振る滑稽な踊りを、大勢の見物人が楽しんだ。

それは、春の田起こしから秋の収穫にかけての、いろいろな状況に応じての踊りだが、途中「寝ぶなっきたなあ」などと、豊年祝いの供物を食べ過ぎたことに労働の疲れとが重なって、床に倒れ伏し眠りこけてしまう。そこを音頭取りから鞭で尻を叩かれ、再び起き上がって踊り出す場面などをユーモラスに演じ、訪れた観衆から笑いと拍手が起きる。

この踊りは、約五百年前、近くの神社の神職が京都で習得したとされる神舞で、戦災などで一時途絶えていたが、昭和五十七（一九八二）年に氏子の女性らが「清水・田の神保存会」を結成、毎年春に奉納しているものである。

踊りは十分ばかりで終わるが、高齢化のため後継者不足に悩み、いつまで続くか今後が思いやられる、と保存会関係者の弁。

踊りが終わった後、十一時より五穀豊穣を願う祈年祭の神事が行われ、途中浦安の舞が巫女《みこ》によって披露される。

境内には直径一メートルほどのイヌマキのご神木があり目を引く。またどこからともなくウグイスの声が聞こえてきて、春の到来を思わせ、賑やかな中にも長閑《のどか》な一日を感じさせる。

ところで、この神社が、すでに述べたように「北辰《ほっしん》さあ」と呼ばれているのは、この神社の近くにあった戦国時代の清水城の南側に七カ所の突き出た所があり、それがちょうど北斗七星を象《かたど》って見えたことから、北極星または北斗七星の別名である北辰を冠して北辰大明神と称されるようになったためである。

また、この神社に祀られている主祭神の天御中主神《あめのみなかぬしのかみ》とも無関係ではない。神話（『古事記』）に出てくる天御中主神は天地開闢《かいびやく》の時、高天原《たかまがはら》に最初に現れた原始神で、天空の一点に留まって動かない北極星と同一視され、その北極星の仏教語である北辰妙見から、天御中主神を祀る神社を「北辰さあ」と親しみを込めて呼び慣わすようになったのである。

なお、県内に存在するほかの天御中主神社の中には「北辰さあ」ではなく「妙見さあ」と呼ばれるものもあるが、それも同様な理由からである。仏教の妙見菩薩は、国土を守り、貧窮を救う神で、北極星としてこの世に現れるという。

ところで、このように、多くは一人だけで舞われる田の神舞とは違って、集団による舞にこの舞の特徴があるが、この天御中主神社のほかにも、かつて野田町下名《しもみよう》の**熊野神社**で、こうした舞が行われていた。しかし、残念ながら今では後継者不足のため中断されていて、その模様を見ることはできない。また、今後いつ復活するか、そのめども立っていないと神官は語っている。

だが、昭和三十七（一九六二）年十月二十四日、この熊野神社の舞は県の無形民俗文化財に指定されているので、たとえ今では見られないにしても、それがどのようなものであったかを、諸記録によって再現しておきたい。

≪古くは秋の彼岸に、今は秋のホゼ祭りに、野田町熊陣の人々が熊野神社に奉納する芸能である。多人数で舞う田の神舞で、高烏帽子に陣羽織姿の田の神と、三吉という道化役が登場する。三吉は仕事着姿で頭に紅白の鉢巻をして後ろに長く垂らす。顔は厚化粧をし、頭はシュロ皮でちょんまげをつける。手にすり鉦を持ち、足は黒足袋をつけている。

続いて大勢の杵回しが二列になって腰をかがめ、手に複雑に曲った木杵を持って、これを回しながら現れる。黒い衣裳を着て、たすきをかけ、額には思い思いの面をつけている。

最後に裾模様の衣裳で女装をした嫁ジョが登場する。杵回しの一人が臼を持ってきて、餅をつき、嫁ジョは手まぜをする。餅がつきあがると嫁ジョはこれをとりあげ、田の神に捧げる。杵回したあとは、争って臼にこびりついた餅をとって食べる。

終ると、田の神を先頭に全員列をつくって退場する。楽は横笛と太鼓、台詞はあるが歌はない。このような多人数で踊る田の神舞は出水・北薩一帯に点々とみられ、神舞の中のにぎやかで演劇的な芸能であり、一人舞の田の神舞とはちがう芸態をなしている。≫

と、その理由が述べられている。

また、『野田村郷土史』にも以下のように記されている。

「豊年を祝い、村民が田の神に感謝の餅を搗いて捧げる行事を、素朴な舞としたもので、何時頃《いつ》から伝わったかは不明であるが、相当古くからあったと言い伝えられている。舞は稔りの秋を祈念して旧郷社熊野神社に奉納するものであった。後には上・下名の若宮神社にも奉納する習わしとなった。大衆が踊る仕組みで他地方の神主（田の神）中心の踊りとは趣を異にしたものである。昭和三十六年秋、県民俗芸能大会に出場し、同三十七年、県無形文化財に指定された。

舞は陣羽織に袴、烏帽子をつけ、笏を持った田の神を、正装した嫁女（昔は絣の着物）、派手な長襦袢を尻はし折りして紅白の濃い化粧に、棕櫚《しゅろ》の帽子を被り、赤い長褌を垂れ、『ひょうたん』を腰前にぶら下げ、手に『め八』を持ち、ひょうきんに場を引き立てる三吉二人と、絣の着物に袴、面を被り手に杵、という枝振《ぶ》りのよい木を持った六親眷属《けんぞく》と称する三、四〇人と、臼担ぎ一人、笛二、三人、太鼓一、二人からなり、曲に合わせて各々出入りよろしく、田の神の前で餅を搗いて捧げ、豊年を祝い、田の神に感謝の意を表して、別れを惜しみながら、それぞれ帰途につく、一面おどけた賑やかな踊りである。（振り仮名：筆者）」

これらから、おおよそどのようなものであったか、その内容を推察することができる。

なお、一人舞、あるいは女神も一緒の夫婦による田の神舞などについては、本書のそれぞれの箇所で記述しているので参照されたい。（『野田村郷土史』、「鹿児島県教育委員会ホームページ」、「南日本新聞」、『広辞苑』、『ふるさとのお社』）

十二、一方は喜劇風、他方は無言の暴れ劇「次郎次郎踊り」

諏訪神社（薩摩川内市久見崎町）
射勝神社（薩摩川内市水引町）

三月の第一日曜日に、薩摩川内《せんだい》市久見崎《ぐみざき》町の諏訪神社と同水引《みずひき》町の射勝《いすぐり》神社のそれぞれで、五穀豊穣などを祈る伝統芸能「次郎次郎踊り」（射勝神社の方は「次郎次郎踊」とりの字がつかない表記となっている）が奉納されている。ただし、同じ「次郎次郎踊り」とはいっても一方は喜劇風でのんびりとしたもの、他方は無言劇で暴れ回るというように、まったく対照的な行事である。

まず諏訪神社から。

諏訪神社（薩摩川内市久見崎町）

薩摩川内市役所から川内川左岸を河口の方に下って行くと、河口直前の左手にこんもりとした森が見え、赤い鳥居が立っている。ここが諏訪神社である。

午後一時から神事が始まり、それが終わった一時半ごろから「次郎次郎踊り」の奉納となる。まず、境内の一隅に、四方を五メートルほどの丸太で囲い田圃に見立てた場所がある。その丸太を四人の男たちが担ぎあげ、上に放り上げて落とす動作をする。丸太はぶつかり合って、ガツンと大きな鈍い音をたてる。思わずハッとさせられるが、これが田起こしを表している。

その後、テチョ（父親）が出てきて、木の下に祀られている田の神にお参りしてから田の整地にかかる。水口（田に水を取り入れたり排出したりする場所）や畦の不具合を直したり、田圃の凸凹を均《なら》したりする。そのうち、息子の次郎も出てきて、今度は二人での田作業となるが、二人の軽妙な鹿児島弁でのやりとりが観衆の笑いを誘う。

第６図　お茶請けの休み

やがて、ヨメジョ（嫁女）がお茶請けを持って現れる。ここでもまた三人の会話が会場を盛り上げる。独り者の次郎にテチョが、
「はよ、嫁を貰らわんか、誰《だい》もおらんたろ。おらんかったら、今は国際化の時代《じで》やっで外国の女でも連れっこんか（早く、嫁を貰わないか、誰もいないんだろう。いなかったら、今は国際化の時代だから、外国の女の人でも連れて来いよ）」
「うんにゃ、彼女ならずんばいおっど。両手でん足らんぐらいじゃっが（いいや、彼女なら沢山いるよ。両手の指でも数えきれないくらいだが）」

などと当意即妙な受け答えが続く。それやこれやで、ついついお茶の時間が長くなる。

「はよせんと、日がくるっど（早くしないと、日が暮れるぞ）」

と外野席から野次が飛ぶ。

ヨメジョが早上り《さのぼ》（田植えが済んだ祝い）のご馳走を作るからと引き下がった後、テチョが「次郎、牛引いてけー」と声を張り上げる。次郎は牛（男二人が牛の面と黒い布を被った大きな牛）を連れてくるが、この牛は暴れ牛でなかなか言うことを聞かない。観衆に突きかかったり、後足で泥を跳ね上げたりする。そのうち、引いている鋤の綱を切って牛が逃げ出し、行方知れずになってしまう。ここで、演技は終了。参拝客たちに沢山の餅が撒かれて、人々は思い思いに散って行く。午後二時を過ぎたころである。（「南日本新聞」）

射勝神社（射勝殿《すぐろどん》）（薩摩川内市水引町）

薩摩川内市役所から国道3号線を出水方面に道を取り、水引小学校前に架かる歩道橋を通過直後右に折れ、田舎道を一キロメートルほど進んだところに射勝神社への案内標柱が立っている。

その標柱に従って、坂を上がった左手の雑木林の中にこのお宮が見えてくる。

午後一時四十五分から神事が始まり、終わって少女四人の巫女《みこ》による「浦安の舞」が舞われ、優雅な踊りに目を奪われる。その後に「川内みなと棒踊り保存会」の棒踊りの奉納となる。こちらは大人の女性を中心とした、ほかの棒踊りではあまり見かけない珍しいものである。

その棒踊りも済むと、いよいよ「次郎次郎踊」だ。豊作祈念の神事で、射勝神社が通称「スグロ神社」と呼ばれているところから「**スグロドン祭り**」ともいわれている。

この祭りは、数ある打ち植え祭りの中でも、一番物騒なものと言ってよいほど乱暴なものである。

午後三時ごろ「次郎次郎踊」は始まる。まず、子供たちが二メートルほどの、下半分を刈り取った柴の木で、「倒れた千畳、倒れた千畳」の声とともに境内を叩き、眠っている田を起こす。さらに、左右の雑木林に向かって柴の木を振り、害虫や鳥を追い払う仕草をする。

それが済むと、いよいよ本番となるが、最後まですべて無言劇である。

神殿の裏から、厚い刺し子の着物姿をしたテチョ（亭主）が、白い煙を出し、先の赤く焼けた一・五メートルほどの丸太（＝トッゴロ）と木鍬を持って現れる。腰に巻いた荒縄にはキセルとたばこ入れを差し、顔は白い布で覆い、目のところだけが開いている（口絵８）。

テチョは田の神に見立てた石にお参りした後、やおらキセルを取り出し、一服する。しかし、その後が大変だ。テチョは木鍬で田打ちをしたり、トッゴロで害虫に見立てた見物人を追い回したりして暴れ回る。

さらに、トッゴロを持った第二のテチョが神社裏から現れ、第三、第四と増える。神社裏では神事の前から丸太を燃やし、大きな鍋を掛けて青竹に入れた焼酎に燗《かん》をつけ、その焼酎を飲み勢いづいているから、テチョたちの暴れ回ること半端じゃない。

子供や女性たちの「キャ〜、キャ〜」という悲鳴が、あちこちからあがる。周囲の雑木林に駆け込む人、木に登る人もいて、ひとしきり悲鳴と笑い声が響き渡る。そういう筆者自身も足元に火が迫り、慌てて後ろに飛び退いたはずみに、下り坂となっている雑木林に倒れ込み、近くにいた人から助け起こされるというハプニングも味わった。

虫焼きが済むと、鼻取り、もが取りに引かれた暴れ牛が登場する。諏訪神社のときと同じように、二人の男が牛の面と黒い布を被った大きな牛である。これも見物人に突きかかる。境内はまた逃げ回る人たちで大騒ぎ。

騒ぎのあとはヨメジョ（嫁女）が出てきて一番テチョと抱き合い、赤ん坊（袋に入った籾）を産み落とし、テチョが持ち上げて喜ぶ仕草をした後、ヨメジョの頭上のモロブタから落花生などが見物人にまかれ、みな競り合いながら拾う。ここで行事は幕引きとなる。

「今年はよう暴れたね」

「うん、暴れた、暴れた」

家路を辿《たど》る人たちから、こうした言葉が聞かれる。暴れ方が激しいほど、それだけその年の豊作が期待されることを、人々はよく知っているからであろう。（『ふるさとのお社』、「神社案内板」、『川内市史』、「南日本新聞」、『かごしま四季を歩く（春・夏編）』）

十三、ユーモラスな田園即興劇の「太郎太郎踊り」

南方神社（薩摩川内市高江町）

薩摩川内《せんだい》市高江《たかえ》町の通称お諏訪様《すわさん》の南方《みなみかた》神社では三月の第一日曜日に「太郎太郎踊り」が奉納され、県はこの「太郎太郎踊り」を「**南方神社春祭に伴う芸能（田打）**」として無形民俗文化財に指定している。

《南方神社の春祭りに奉納される芸能で「高江太郎太郎踊り」といわれる。もとは同地の志奈尾神社に伝承されていたものであるが、同社が南方神社に合祀されたので、現在は南方神社で行われるようになったものである。昔は旧暦二月二日に行われ、「打植祭り」と呼ばれていたが、現在は三月の第一日曜日に行われる。祭のあと、境内で子どもたちが木のカギの鍬で地面を打って耕すと、やがてオンジョ（爺）とテチョ（父）が大きな木の燃えさし（トギという）を持って登場し、田の耕し具合をみてまわる。その後、息子の太郎を呼んで牛を連れて来させる。牛は黒衣をかぶって出てきて、オンジョと太郎につかまえられるとあばれまわる。終ると女装をした嫁ジョが現われ、丸い石の子どもを産み落とす。テチョが石に化粧を施し、オンジョが「ヨネマツジョ」と名づけて、みな喜ぶ。

最後に、神官が現れて田舟に入れたモミを蒔き、見物人は争ってこれを拾う。

春祭り農耕予祝の田打芸能の代表的なものである。テチョと太郎による薩摩方言の俄《にわか》（素人が座敷・街頭で行った即興の滑稽寸劇のこと。振り仮名および注：筆者）もよい。内容にいくつかの独特な要素を含み、古い演劇の発生を考えさせるものである。≫

というのが指定の内容である。

また『川内市史』にもこの「太郎太郎踊り」についての記述があり、その模様が極めて分かりやすく書かれているので、少々長いが次にそれを引用してみよう。

「高江町の南方神社の三月二日（以前は旧暦二月二日）の祭典のあとに行われる踊り、というよりは寸劇ともいうべき所作事である。

いつ頃から始まったか、町の古老も知らない。

高江町上高江部落に今もデンジンサアという神社跡がある。明治四十三年に今の南方に合祀されるまでは、このデンジンサアの祭りとして太郎太郎《たろたろ》踊りが奉納されていた。デンジンサアは田神様《でんじんさま》ではないかという。

タロタロ祭りは豊作祈念と安産祈願の祭りであり、その意味を込めてこれを戯作化したものと言えよう。従って、田植えまでの田仕事ぶりと出産風景が喜劇風に演じられる。もとは上高江と長田の両部落が交替で毎年奉納していたが、今では上高江の人々だけで行っている。

神事のあと、神社境内を田に見たてて、子供たち十数名が木製の鍬で田打ちをしている。そこへ大尉《おんじょ》（祖父《ぢい》さん）が大きな木鍬をかつぎ、火のついたトッゴロ（焼けぼっくい）を持って登場。子供らに田打ちを教えながら、畦の草を焼くしぐさ。孫の太郎《たろ》に牛を引いてくるように大声で呼び、子供らにもいわせる。ついでタロの親父でオンジョの子にあたる亭長《てちょ》が同じ姿で登場。焼酎をくらってオンジョもテチョも足元が危ない。盛んにタロを呼ぶと、少しのろまでそのくせ遊び好きのタロがやっと登場する。ここでテチョとタロが牛を引いてくる。牛といってももちろん本物ではない。振り袖を頭からかぶせ、ふぐり（睾丸、ホングイ）は大きな袋でできている。この袋には籾（今は白米）が入っている。牛には新婚の婿がなることになっていたが、今は必ずしもそうではない。さて、タロが牛の鼻を取り、テチョが万鍬《もが》で田を鋤《す》くが、そのうち牛は水を飲みに手綱を切って逃げていく。それを二人が追う。こんな事のあった後、最後に神主が籾種子を小さな舟型のものに入れて現れ、掛け声と共にその籾をまく。この籾を拾うと田がよくできるというので皆が大騒ぎして拾う。

ついで出産のことがある。境内の小さな祠の前でタロ・テチョ・オンジョそろって出産の所作事と祝いの歌などあって全部が終わる。所要時間約四十分。

今の子供にはわからないような純粋の明治以前の方言がせりふに使われる。オンジョ・テチョ・タロにおいてしかり。オンジョを雲上と書いたのがあるが、雲上とは宮中のことであり、雲上人といえば宮中の人のこと。オンジョは大尉が正しい。老夫婦のことをオンジョンボと方言ではいうが、これは大尉姥である。テチョに丁長の字を当てるのもおかしい。亭長である。亭長は本来宿駅の長のこと。タロは太郎で固有名詞というより、長男というほどの普通名詞と考えた方が好ましい。」というように書かれている。

この春祭り行事は、午前十時から神殿内での神事で始まり三十分ほど続く。年によっては長引くこともあるが、その後「太郎太郎踊り」となる。

現在、太郎の弟とされ、田を耕す子供たちには峰山小学校五、六年生二十人近くがこれに当たっている。これらの子供たちは、テチョとオンジョが大きな木グワで境内を耕している間、小さな木グワを振るいながら、「タロー（息子）タロー、牛を連れっけー」と声を上げる。しかし、怠け者のタローはなかなか出てこない。これを何回も繰り返す。

さらに、テチョとオンジョが方言で掛け合いをしている間にも、子供たちはオンジョの木グワを自分の木グワで引っ掛け、引きずるなどユーモラスなやりとりが続き、境内は笑いの渦に包まれる。こうした笑いと荘厳さのうちに十一時十五分ごろ全体が終了する。

ＪＲ川内駅から川内川左岸（下流に向かって左）の県道43号線（川内串木野線）を川筋に従って下って行くと右手に小高い「猫岳」が見えてくる。その近くにこの神社は鎮座するが、やや分かり難いところである。（「鹿児島県教育委員会ホームページ」、『川内市史』、『かごしま四季を歩く（春・夏編）』）

十四、子供の健全な成長を願う「太郎太郎祭り」

羽島崎神社（いちき串木野市羽島）

串木野市街地より県道43号線（川内串木野線）を海岸沿いに北上すると羽島漁港に至る。その羽島漁港の突き当たりに一際《ひときわ》目立つ丸い山があり、山裾に白い鳥居を伴って羽島崎神社が姿を見せる。神社創建の年代は明らかでないが、言い伝えによると、第三十八代天智《てんじ》天皇の妃である大宮姫が頴娃《えい》に下られる途中、この地に遺しておかれた鏡を祀ったのが始まりとされ、古くは**鏡大明神**と称されていた。

この羽島崎神社で春祭りとして「太郎太郎祭り」なるものが行われている。その祭りの中で演じられる芸能は昭和三十七（一九六二）年十月二十四日、「**羽島崎神社春祭に伴う芸能**（**田打、船持祝**）」として県の無形民俗文化財に指定されている。指定理由は次の通りである。

≪羽島崎神社の春祭を「太郎太郎祭」といい、旧暦二月四日に行われていたが、現在はその前後の日曜日に行われている。農村・漁村がひとつになって豊作と豊漁を祈念する行事である。

田打行事はテチョ（父）と太郎と牛が出てきて見物人を笑わせながら田を起こす動作をしたあと、農家の五歳になった男の子が保護者につきそわれ松葉を苗にみたてて田植の動作をする。

一方、船持ち行事は、漁家の五歳の男の子が保護者につきそわれ神前で神官から船の模型をいただき、これをささげて船おろしをし、櫓声をかけながら境内をひとまわりする。その後、浜の青壮年たちが紋付羽織で着物の裾をまきあげ、ほおかむりして二列にならび、笹の葉のついた青竹の両方につかまり船をこぎながら「やーらァめでたァいなーごゆあー、サめでたァイのの……」と船持の祝歌をうたって境内をひとまわりして終る。

この芸能は、田打ちと呼ぶ農事予祝的な祭事芸能と船持ちという漁業予祝的な祭事芸能が行われるのに特色がある。特に後者は全国的にも珍しいものとされている。≫

と、中でも漁業予祝的な祭事芸能が行われるのに特色がある、としている。

昔は旧暦の二月四日の潮の満ち始める時行うとされていたが、今は前記のようにその前後の日曜日午後二時から祭りは始まる。神殿内での神事が執り行われ、その後しばらく間を置いて、三時ごろより田打ちと船持ち祝いの行事が、境内を取り巻いた観衆の前で披露される。

羽島地区の農村部と漁村部が交代で後先になって奉納する。打ち植え祭りとしては珍しい形態である。

まず漁村部の船持ち祝いから。

数え年五歳で漁業に縁のある家の男児数人（年によって増減がある）が、親の介添えを受けて小型の帆掛け船を抱え、大海原に見立てた境内をゆっくりと一周する。何れも豆絞りの手拭いを頭にかぶり、青色の襷《たすき》を肩にかけるなど伝統的な独特の扮装である（口絵9）。

筆者が参観した平成二十六（二〇一四）年の行事では、海からの強風が吹き荒れ、その風に煽《あお》られて子供たちは船の重さで倒れそうになり、親たちが必死にそれを支え、はらはらさせられるような一幕もあった。

この子供たちの後から紋付き姿の頬かむりした男衆（二、三十人。これも年により増減がある）が、二列縦隊で、その縦隊を貫く長い竹を両手に持って続く。保護者と子供たちが神殿に去った後、男衆は境内で船持ち歌を朗唱し子供たちの健康と豊漁を祈る。

〜イヤーめでたいな　年の初めの初夢に
　きさうぎ山のクスの木を借りていまおろす〜

何番も続く歌の意味はよく聞き取れないが、独特の節回しでかなり長い時間続く。歌い終えてこれも神殿に去っていく。

船持ち祝いに続いて「田打ち」行事が始まる。

これも数え年五歳になる男の子の健全な成長を願うものであるが、「太郎太郎祭り」の言葉が示すように、むしろ、「田打ち」行事のテチョ（父親）と太郎（息子）が主役のように見える。そして、牛もこれに加わる。

境内にテチョと太郎が現れ、カシの木でクワを作った後、田打ちを演じる。田打ちは太郎が肥料になるシイの枝葉を境内にまき、木彫りの面を付けた牛による田作りがなされる。田作りの途中、牛が太郎の手を離れて見物人の中に暴れ込んだり、角で突いたりで場内は大騒ぎ。また、テチョと太郎が鹿児島弁の軽妙な即興劇を演じ人々を笑わせる。

一方、青色の襷を肩にかけた何れも和・洋の正装をした子供や保護者たちも、クワに見立てた小さな鉤状の木の枝で境内の一角に設けられた田を耕し、最後に稲に見立てた松の葉をテチョや太郎とともに植えてこの行事は終わる。

ちなみに牛の面は安永十（一七八一）年の作であるという。

なお、この「太郎太郎祭り」など祭りの日には、野間嶽の神が飛んでくるとの言い伝えもある。野間嶽の神はこの串木野をはじめ、薩摩半島西岸の漁業集落の人々にとって、大事な漁業の神・航海安全の神として古くから信仰を集めているからである。

さらに、ここ羽島の地は、神社近くにある羽島漁港付近から、慶応元（一八六五）年、後に初代文部大臣となった森有礼《ありのり》ら留学生十五人と五代友厚《ごだいともあつ》を含む一行十九人が、英国へ向け密出国したことでも有名である。現在それを記念して「**薩摩藩英国留学生記念館**」が建てられているので、ここを訪ねてみるのもまた有意義なことであろう。（『ふるさとのお社』、「鹿児島県教育委員会ホームページ」、「羽島崎神社発行の説明書」、『かごしま四季を歩く（春・夏編）』、「南日本新聞」、『鹿児島ふるさとの神社伝説』）

十五、豊作を祈願する春祭り「田島殿」

大汝牟遅神社（日置市吹上町中原）

日置市吹上町の中心街から、国道270号線を伊集院方向へ向かう坂を上りきった右手に大汝牟遅《おおなむち》神社が見えてくる。

当神社では毎年三月の第二日曜日に「たじまどん」という変わった名前の春祭りが行われているが、「たじまどん」とは一体何かを、まず説明しておこう。

これは、この地方の領主であった島津忠良（日新公《じっしん》）が、東シナ海に浮かぶ久多島にゆかりの天智天皇《てんじ》の妃と皇女の慰霊祭を、大汝牟遅神社の祈年祭の日に境内で執り行ったことに由来するといわれている。

久多島にゆかりの天智天皇の妃と皇女についてはこんな伝説が残されている。

遙か昔のこと、天智天皇のお妃だといわれた大宮姫が、生まれ故郷の開聞《かいもん》に船で帰られる途中、吹上沖の海上で皇女をお産みになった。しかし、残念なことに死産であったため、遺体をオツワ舟（どのような舟か筆者には不明）に乗せ海にお流しになった。そのオツワ舟は海岸に流れ着き、それを知った村人たちは遺体を手厚く葬り、オツワ舟を再び海に流した。舟は沖で沈んだが、その所から突如として大岩が涌き上がり、それが今の久多島になったという。そこで、村人たちは皇女の霊をこの島に祀ったが、島は陸《おか》から遠かったので、遙拝所として建てられたのが、やはり吹上町内にある、今の久多島神社だということである。

こうした伝説を持つ天智天皇の妃と皇女の慰霊祭を執り行ったのが「たじまどん」である。

「たじまどん＝田島殿」は、もともとこの久多島を意味するものだが、久多島の久は、苦しいとか、苦につながるということで「久（苦）」を取って「多島」にし、また、祈年祭が田起こしの田に関係する祭典のため、「多」を「田」に変え、さらに、天子、皇后、皇族、神仏等への敬称である「殿」をつけて「田島殿」へと変化したのである。

ところで、ほかの地方で行われる祈年祭の春祭り、殊に太郎太郎祭・ガウンガウン祭などの神事で、最後に赤子が生まれる所作が見られるが、それはこの田島殿では行われない。恐らく、先に見た久多島伝説で皇女が死産であったことを考慮して、それを避けたのであろう。

この「たじまどん」は、まず社殿での祈年祭祭典後、社殿前庭を齋田と見立て、秋の豊作を祈願して、田起こしからモミ蒔きまでの所作を面白可笑しく演じて行く、いわゆる予祝行事（農産物などの豊穣を祈って、あらかじめ模擬実演する行事）としての田植え行事である。

それは次のように進んで行く。

初めに、サッキョン（先導）役の農夫が出てきて大きな木の鍬《くわ》で田の畦を築き、水口などを作る所作をし、カシッ（刈敷）（注一）のためのニワトコの葉を撒く。

次にほかの農夫らも出てきて手伝うが、なかなかはかどらない。

そこで、サッキョンの嫁が出てきて、お茶などを振る舞い一服し会話が弾む。会話はすべて鹿児島弁で、その時々の社会問題などを絡ませながら人々の笑いを誘う。

次に、土ならしをする牛を呼びに行くが、なかなか牛は出てこない。

ようやく、牛（牛の面を付けた氏子）が鼻串を握った鼻取人に引かれて、鋤取人が持つモガ（土をならす用具）を引いて出てくる。

そして、齋田の中を三回ゆっくりまわるが、牛が寝転がったりして、なかなかモガを引こうとしない（口絵10）。その間、見物人は八つ手の実を竹筒で牛に吹きかける（注二）。

そのうち、突如牛が暴れ出し、モガを外し見物人に、中央に盛られた砂をかけるなどの悪ふざけをする（注三）。

見物人はさらに竹筒で、八つ手の実を吹きかけ、楽しく反撃し笑いを誘う。

牛がたおれて、鼻取りに引かれて帰った後、神職が齋田にモミをまく（注四）。

次に、農夫らが出てきて、さらにモミに見たてたピーナッツを見物人へ撒き、最後に神職等により、無病息災の御利益があるとされる、トッノコ（＝歳徳神・新しい年の始めに豊かな実りをもたらす神）といわれる小さなオニギリが配られて、すべての行事が終了する。

この行事は午前十時半に神事が始まり三十分ほどで終わる。その後、午前十一時から「たじまどん」が演じられ、一時間ほど続く。正午ごろ人々は思い思いに帰って行く。

なお、当神社ではこの「たじまどん」のほか、諸行事が奉納されているが（注五）、中でも十一月二十三日の「流鏑馬」は県の無形民俗文化財に指定されている。ただし、これについては221ページ以下で述べているので、それを参照して頂きたい。

（注一）カシッ（刈敷・下敷）とは、春先に一番早く葉を着けるニワトコの木の葉を、肥料として鋤き込むこと。（ニワトコの木は、本州以南に生育する落葉樹）

（注二）最初の慰霊祭当時は、八つ手の実を沢山奉納したというが、それは、赤ちゃんの手の大きさと同じ形をしたモミジのかわりに、八つ手の葉に想いを寄せて、次は多くの子宝に恵まれますようにとの想いからであったそうだ。今では、その想いと病害虫払いの神事として、八つ手の実を竹筒で牛役に吹きつけている。

（注三）牛の砂かけは、雨の恵みを願う所作で、砂をかけられた人は、一年間病気をしないといわれる。氏子が扮する牛は、以前は面はなく、顔を布で隠し、木で作った角を二本出していたが、今では木製の面をつけるようになった。

このように、人が牛に扮するのは、薩摩半島では大汝牟遅神社が南限だという。

（注四）蒔いたモミを苗モミに混ぜると、良い苗ができ豊作になると、言い伝えられている。近年では、大国様にお供えすると、お金が貯まるといわれている。

（注五）六月第三日曜日　…御田植祭、田植踊り、宮内鎌手踊り
（ただし、田植踊りと宮内鎌手踊りは二年ごと）
八月二十九日　…伊作太鼓踊り（県指定無形民俗文化財＝178ページの当該項目参照）
十一月二十三日　…流鏑馬（県指定無形民俗文化財＝221ページの当該項目参照）

また、伝統行事ではないが、次のようなものにも目が惹かれる。

石の神（子産んぼ）

神社境内の神殿に向かって左側に建てられている覆屋の中に、牛が座ったような一つの大きな石が祀られている。この石はもともと吹上町入来の道の傍らにあったものだが、「毎年大晦日に一つずつ子石を産む」という言い伝えがあり、近くの人々は〝子産んぼ〟と呼んで安産、子授けの神として信仰の対象になっていた。

一昔前まで、妊娠中や出産のとき死んでいく女性は多かった。女性は妊娠の喜びと同時にお産への恐れも感じていたので、神に安産を祈願するしかなかったのだろう。

子産んぼは明治時代、石塚市太郎という人が伊集院から馬車で運んで屋敷内に安置し、里人の繁栄と幸福を願い祀ったという。以来、石塚家の氏神となり、大晦日には赤飯や焼酎を供え、親族一同で参詣。元日の朝早く海岸に行って白い貝殻で渚《なぎさ》の砂をすくい、子産んぼに供えていたという。

ところが、石塚家に守る人がいなくなり、平成二十（二〇〇八）年九月、吹上町大汝牟遅神社に「イシノコンボサ（石の子望様）」として移された。石の傍らには「安産、子授けの神として信仰され、願をかけるときに小石一個を持ち帰り、出産後は倍返しで二個を納めお礼返しにする」と書いてある。

女性の出産への不安は、科学が進んだ時代でも変わらない。どっしりと腰を据えた子産んぼさあに不安な気持ちを払ってもらい、健康な子供を産んでほしいものだ、と『かごしま四季を歩く（秋・冬編）』の中に書かれている。

潮浜参り

石の神のほかにも、神殿の両側には海砂を詰めた貝殻がずらりと並んでいる。多くはその年の元日に参拝客が供えていったものだ。

いつの頃から始まったかは不明であるが、日置市吹上には「潮浜参り」と呼ばれる初詣の風習がある。元日の吹上浜から濡れた砂を持ち帰り、貝に入れて神社などに供えるというもので、ほかの地では見られない吹上ならではの伝統として生き続けている。

この「潮浜参り（御潮とり）」について、境内の案内板には、「この貝に盛られた砂は初詣の時、吹上浜で波打ち際の砂を山盛りし、四方拝後、波で崩れたあとの濡れた砂を、浜辺にある赤貝（オトッグ）に盛り奉納されたものです。

これは、古事記の中にある『火を以《もち》て猪に似たる大き石を焼きて転《ころ》ばし落としき……その石に焼き著《つ》けらえて死にき……蚶貝比売《きさかい》(＝赤貝)ささげ集めて、蛤貝比売《うむかい》(＝蛤)待ち承《う》けて、母の乳《ち》汁を塗りしかば、麗しき壮夫《おとこ》と成りて、出で遊行《あそ》びき』という大汝牟遅の神様と兄神様等の八十神様にちなんでのこととされます。

即ち、赤貝の殻の粉を、蛤の出す汁で溶いて、母乳状の液体として塗ったところ蘇生されたので、赤貝に濡れた砂を盛り供え神様の御神霊を慰め若返っていただき、さらに神様の御活躍を願い、御神徳を戴くためです。(貝殻の粉を水で練って火傷に塗る民間療法や、母親が子供の傷に乳汁や糠を塗る習慣は今でも残っています。)

この風習は、県外はもとより、他の市町村でも見られない吹上地方の独自のものです。

尚、この風習は往古より次々と受け継がれてきたもので史料はなく、その起源は不詳であります。」と記載されている。

千本楠

当神社の鳥居から参道を跨《また》いでその先の左側に「千本楠」があり、包み込むような楠の群生が神秘的な空間を作り出している。

『吹上郷土史』などによると、大己貴命《おおなむちのみこと》(大汝牟遅神社の祭神)がこの地方に下向された際、持っていた楠の杖を地に差したところ、これが根付いて周囲十八メートル余りの大木になった。ところがある日のこと、その大木が風もない夜に大音響とともに倒れ、その音と、倒れたときの地響きに付近の人々は、神罰の前触れではないかと恐れおののいた。神罰があったかどうかははっきりしないが、その親木と見られる老木の根株から生えた巨木十数本が今の千本楠だと伝えられている。あたかも竜が寝ているように連なり、梢が天空へ舞い上がるように伸びている風景を、童謡「七つの子」などを作詞した詩人野口雨情も「伊作八幡千本楠は横へ横へと寝てのびる」と詠《よ》んでいる。

この千本楠とは別に、神社の境内にもご神木である樹齢一千年以上、幹回り約十四メートルの〝南薩一の大楠〟がそびえたっており、やさしく三回なでながら、願い事を唱えるとご利益があるといわれている。(「大汝牟遅神社のパンフレット」、「大汝牟遅神社案内板」、『かごしま四季を歩く(秋・冬編)』、『吹上郷土史』、「南日本新聞」、『鹿児島ふるさとの神社伝説』)

十六、田遊びの匂いを残す「ガウンガウン祭り」

深田神社（いちき串木野市下名）

ＪＲ串木野駅から海岸方面に道を取り、五反田川の新港大橋を渡ると、すぐ右に公園緑地がある。その公園内の高台に深田神社が鎮座している。市街地を見下ろす海辺の神社で、近くには「Ｂ＆Ｇ海洋センター」の建物があり、これを目当てに訪れることもできる。

当社の創建年代は詳《つまび》らかでないが、伝説によれば、もともとは五反田川の河口直前で合流する深田川の上流三キロメートルほどの深田集落の滝の上に鎮座していたということである。深田神社の名前はここからきている。

ところが、約三百年前の大洪水により社殿以下ことごとく流出し、ご神体の鏡は下流の下名《しもんみよう》七升田平の滝の淵に流れ着いたので、この地を鏡淵と呼びそこに奉斎《ほうさい》した。更に天保《てんぽう》年間（一八三〇～四四年）に現在地に遷座したということである。

この神社では「ガウンガウン祭り」という春祭りが、旧暦の二月二日に近い前後の日曜日に行われる。平成二十六（二〇一四）年度の祭りでは、午後一時から神事、一時半過ぎに田園劇が始まり、三時十五分ごろに終了した。

祭り（＝田園劇）の模様を『串木野郷土史』は次のように記載している。かなり長文であるがそれを引用してみよう。

祭りは、定まった台本はありませんが、亭長（テチョ・父親）と太郎・次郎そしてコッテ牛（雄牛）が田植えのさまを鹿児島弁のセリフをまじえながらユーモラスに表現する田園即興劇です。ガウンは「くわ」が訛った言葉といわれ、子供たちは「くわ」を模した木の股で劇の間中、出演者の足を引っかけて転ばそうとします。たくさん転ばしたら豊作になるといわれ、五穀豊穣を祈った祭りといわれています。

第一幕　テチョの登場

田植え歌の一番が終わり、二番の歌詞と同時にテチョが「ビョウビョウ」と掛け声をかけながら出て行きます。

テチョは「田打ち」をしながら見物人に話しかけ、見物人は「ビョウビョウくわ」でテチョの足を引っかけなどして場内を「田打ち」して回ります。

そして水の管理をして「田よみ」の準備をし、太郎・次郎に「田よみ」を命じるために神社の社殿内に入ります。

第二幕　太郎・次郎の登場

兄の太郎と弟の次郎はテチョから「田よみ」を命じられ、牛小屋に牛を引き出しに行ったけど肝心の牛はいません。二日酔いの兄弟はテチョから叱られるので牛を探しに場内を回ります。探し回ったあげく、なかなか見つからないので、牛の居場所を神様に教えてもらうために宮司に頼みに神社の社殿に入ります。間もなくして、牛は牛小屋に戻っているとのお告げがあり、兄弟は牛を連れて登場します。

第三幕　太郎・次郎・牛の登場

牛は「田よみ」をしたくないので、なかなか牛小屋を出ようとしません。兄弟はようやく「田んぼ」に引き出して「田よみ」を始めます。しかし、コッテ牛は元気がよすぎて思うように「田よみ」ができず、梶棒の結び目が解けて牛が放れ、場内から裏山へ牛が暴れ回り独壇場となります。

第四幕　テチョの登場

テチョは「田よみ」が済んだので点検に田を見回りに登場します。しかし、思ったように「田よみ」ができていないので再び牛を引き出してくるように兄弟に言いに社殿に入ります。

第五幕　太郎・次郎の登場

テチョから再度「田よみ」をするように言われ、兄弟は仕方なく牛を連れて登場します。牛は元気がよいために、社殿を出たらすぐ放れ、境内から裏山を牛が暴れ回ります。

第六幕　テチョの登場

テチョが「田よみ」が終わった状態を見るために再度登場します。きれいになった田んぼをみながら見物人に田植えを呼びかけ、田植え歌に合わせながら祭り班・登場人物・保存会の皆さんによる田植え（松葉を苗に見立ててそれを植える：筆者注）が始まります。

第七幕　テチョ・太郎・次郎・牛が登場

田植えが終わったら、テチョ・太郎・次郎・牛（前足・後足の二人：筆者注）の計五人が餅を持って見物人にばらまき、祭りは終わります（餅の中に当たりくじがまじっており、米一袋・二キログラムぐらいと引き替えられる：筆者注）。

第７図　テチョと子供たちが向かい合う

このように田園劇は進行して行くが、『串木野郷土史』の中でも述べられているように、大きな木の鍬《くわ》を持ったテチョは、しばしば、鍬に見立てた小さな鉤《かぎ》状の木を持つ二十人ぐらいの幼・小児に足や体をひっかけられ、作業の邪魔をされる。テチョは追い払ったり、子供たちに精出して田打ちをするよう叱咤《しった》したりする。

また、劇の途中、ヨメジョ（嫁女）が茶請けを持ってきて中休みする場面では、テチョとの間のやりとりが人々を笑わせる。たとえば、東京オリンピック誘致に際して言われ、平成二十五（二〇一三）年度の流行語大賞にもなった「お・も・て・な・し」が出てきたり、「今年はソチで冬季オリンピックがあった」とヨメジョが言うと「そっちちゃどっちよ。あっちじゃなかや」と、とんちんかんな返事が返ってきたりする。すべて、鹿児島弁でのその場当たりのアドリブである。

なお、県はこの**深田神社春祭に伴う芸能（田打）**を昭和三十七（一九六二）年十月二十四日付で無形民俗文化財に指定している。その理由は次のようである。

《深田神社の春祭は「ガウンガウン祭」といい、旧暦二月二日に行われていたが、現在はその前後の日曜日に行われる。神事がすむと、テチョ（父）が大きな木のカギ鍬で、境内を田にみなして田打をはじめる。子どもたちもこれに加わる。テチョは太郎・次郎に牛をひいてこさせる。親子の即興的な話はいつ聞いても、腹の底から笑いがこみあげる。やがて面をつけたコッテ（雄牛）が人参のふぐりをぶらぶらさせてあばれ出す。見物人はさけび声をあげて逃げまわる。広い境内から裏の松林へと、ひととき田園劇の人波と笑いとさけびが渦をまく。このあと牛にモガ（馬鍬）を引かせて田をならし、氏子が松葉をまきちらせて田植は終る。田打の行事と見物人がひとつになった善良な笑いには、遠いむかしの田遊びのにおいを残している。

春祭り農耕予祝の代表的なものである。演劇的要素の濃い点に特色がある。》

と、遠いむかしの田遊びのにおいを残しながら、農耕予祝の代表的なもので、演劇的要素の濃い点に特色がある、としている。（「南日本新聞」、『串木野郷土史』、『かごしま四季を歩く（春・夏編）』、「鹿児島県教育委員会ホームページ」）

十七、儀式化され、洗練された「お田植祭り」

霧島神宮（霧島市霧島田口）

霧島山麓に鎮座する霧島神宮は瓊瓊杵尊《ににぎのみこと》を主祭神とするが、この瓊瓊杵尊は高天原から稲の種子を授かり、この地に耕作されたことが『日本書紀』の中に見える。

その故事により、当神宮では旧暦二月四日の午前十時から、五穀の豊穣を祈願する「お田植祭り」が行われている。

この祭りは県の無形民俗文化財に指定されているが、その模様を次のように記述している。

≪境内を田にみたてて耕し、緑肥になる刈敷を入れ、種播きや田植えまでを模擬的に行う春祭りである。このような祭りのことをよそでは「田遊」ともいうが、旧鹿児島藩内では一般に「打植祭」

といった。しかし、霧島神宮では「お田植祭り」といってきた。この祭りは県内に分布している打植祭の中でも非常に儀式化され、洗練されたものである。祭りの終りに独特の田の神舞が舞われるが、これは県内の田の神舞の原型の一つをしめすものである。

祭りに登場する牛面には宝永三（一七〇六）年、翁面には宝永九（一七一二）年、媼面には明和九（一七七二）年と年代が記されており、約二百九十年余り前（平成三年に指定されているので、その時から数えて二百九十年余り前となる：筆者注）頃から、この打植祭が演じられていたことがわかる貴重な資料でもある。

この打植祭にはジイ（爺）、バジョ（婆）、牛、田の神などが登場するが、これらを演ずる人々は特定の家に決まっている。このような例は他の打植祭にはみられないことである。≫

と、儀式化され、洗練されたものであるところに特徴があるとしている。

祭りは、まず午前十時から神殿内で神事が行われ、約一時間ほど続く。その後、中庭に設けられた斎場での「お田植祭り」へと移って行く。

最初に一人の青年による「剣の舞」で斎場が清められた後、「耕地の儀」が執り行われる。これは木の生い茂った森を開拓し、田にしていく過程を表現したものである。数人の男たちが、枝葉の付いたシイの木をそれぞれ右と左の双方から担いできて、根元の方につけられたカギを絡ませ互いに引き合う。そのうち一方のカギが裂けて、このカギ引きは終わる。つまり森の木を倒す、ということを表すものである。

次にこれらシイの木の枝葉を小さくちぎり、田に見立てた場所に撒いて行く。肥料というわけだ。やがて翁《おきな》と媼《おうな》の面をつけた人物が登場し、田ならしを行う。面は古くから伝わったものだというだけに、古びた中にも歴史の重さを感じさせる。とくに媼の面は観衆の間から「可愛いね」との声が漏れてくる。

一応田ならしが済んだところで、翁が「ビョー、ビョービョウビョウ」と牛を呼ぶ。がっしりとした黒牛の面をつけた牛が出てくると、媼が手綱を取り、翁がマンガ（馬鍬）を持ってぐるりと田鋤きをする。

しかし、牛はなかなかいうことを聞かず、暴れ出し綱を切って逃げて行く。連れ戻して苦労しながら田を耕すが、再び牛が逃げ出したところでこの農耕劇は終わる。翁と媼の鹿児島弁でのユーモアあふれるやりとりが観衆を笑わせる。

牛と翁、媼が退場すると、太鼓と笛の音が響く中、宮司の祝詞《のりと》が奏せられ、その後、神田の東西南北に向かって三方《さんぼう》に載せた籾がまかれる。その籾はたちまち苗となり、苗に見立てた榊が植えられる「田植えの儀」となる。

「田植えの儀」も終わり、いよいよ最後に、「田の神舞」が奉納される。

ボロボロの着物を着た田の神が大きなメシゲ（しゃもじ）と錫杖《しゃくじょう》を持って登場する。真っ黒の面をつけた田の神は背中を曲げ、のそり、のそりと口上を述べる。

「こん田の神さあ、こんざまを見やったもし。びんたは猿面にシュロん皮、目はとつがん、山んつくしろ目、鼻はづどんばっちょ、口ゃわんくっ、胸は鳩胸、尻ゃちょぼじい、手はひっがね手、足ゃ鳩足、取っとやごわはん」と、自分の姿を滑稽に表現して笑わせる。

第８図　田の神の登場

「稲の穂の長さ一尺八寸ばかり、ブーラブラ、ブラ、ブーラ、ユーラ、ユラ、ユラ。その稲のことならば米の粒の太さが一尺八寸ばかり、ゴーロ、ゴーロ、ゴーロ、コロロ、コロロ、その米を飯に炊けば、天下万民の命をつなぐ……」と豊作を予祝する。

ほかにも「よか嫁にゃ、うんまか飯ゅ七メシゲ半くわせ、朝寝ごろ嫁女にゃ粟ん飯ゅ半メシゲ……」とやれば見物人は大笑い。錫杖を鳴らし、大きなメシゲを揺すりながら舞うユーモラスな田の神舞は、祭りのハイライト。

しかし、観衆の中には県外からの参詣客もいて、翁と媼や田の神の鹿児島弁が分からず、「何と言ってるの」との声が聞こえてくる。それに対し隣の人が通訳し、お互いに親しくなって行く様は心温まる風景だ。

祭りが終わると、氏子たちはわれ先にと祭場にまかれた籾を拾う。この籾は、苗代を作るとき種籾とまぜてまくという。

すべての行事は二時間ほどで終了し、人々は去って行く。（「鹿児島県教育委員会ホームページ」、『ふるさとのお社』、『かごしま四季を歩く（春・夏編）』、「南日本新聞」）

こうした予祝行事（農産物の豊穣を祈って、あらかじめ田植えの諸作業を模擬的に演ずる行事）の後で、梅雨時の六月になると早男《さおとこ》、早乙女《さおとめ》による実際の田植え行事が行われている。その一つは、六月の第一日曜日に霧島田口の「狭名田《さなだ》の長田《おさだ》」で行われるものである。

この「狭名田の長田」は、本項の冒頭でも述べているように、瓊瓊杵尊《ににぎのみこと》によって日本本土に稲がもたらされたが、その時最初に作付《さくづ》けされた水田と言い伝えられている。つまり日本最古の水田ということになる。そして御子彦火火出見尊《ひこほほでみのみこと》がお生まれになった時、この田で取れた新米で甘酒を作り、飯を炊いて祝われたという。

終戦前までは霧島神宮の神田であり、ここで穫れた新米で毎年の新嘗祭《にいなめさい》の行事は施行されていたが、戦後永く民有地となっていた。現在は霧島神宮齋田として管理され、毎年お田植行事が執り行われている。

神事の後、午前十時二十分ごろから、揃いの装束に笠をかぶった早乙女、早男十七人（平成二十七年度）が水田に入り、横一列に並んで五畝（約五百平方メートル）ほどの田に、苗を一本一本丁寧に手植えしていく。

この「狭名田の長田」へは、JR霧島神宮駅から霧島神宮への県道60号線（国分霧島線）の途中、「明るい農村」の所で左折し、そのまま道形《みちなり》に進むと、やがて「狭名田の長田跡」の標柱が見え、そのすぐ近くにこの田が所在する。

この行事に続いてもう一つは、六月十日に霧島神宮近くにある約五千平方メートルの齋田で、氏子や霧島小学校児童ら約百人で賑やかに手植えされる「御田植祭《おたうえさい》」である。

午前九時から神事が始まり約四十分ほどで終了し、九時五十分ごろから田植え開始となる。田植えの前に、鹿児島弁のユーモラスな口上に合わせて舞う「田の神舞」が奉納され、その後、お清めを済ませた早乙女、早男姿の者たちが水田に入り、ヒノヒカリなどの苗を植えいく。

苗から成長した稲の刈り取りは十月の予定で、十一月の新嘗祭以降の一年間、神事や毎日のお供えに使われるという。（「南日本新聞」、「朝日新聞」、『東襲山郷土史』）

十八、航海安全を祈る「船こぎ祭」

船木神社（日置市吹上町田尻）

ご神体が小型の模型船という全国でも珍しい神社がある。

普通、神社のご神体といえば鏡、剣、玉のいわゆる三種の神器だとか、あるいは神像が多い。しかし日置市吹上町田尻の船木神社では、掛け仏、錫杖《しやくじよう》、鏡、瓔珞《ようらく》ならびに比較的新しい神体木像が四体あるものの、これらとは違い、ご神体は船であると氏子たちは言い伝えられてきている。おそらく船がご神体である例は日本全国には無いと思われる。

この神社へは、吹上町中原の吹上町中心街から国道270号線を伊集院町方向に北上して行く。坂を上りきった右手に大汝牟遅《おおなむち》神社があるが、それを過ぎ吹上中学校近くの田尻で（ガソリンスタンドがある）右斜め方向の県道296号線（田之頭吹上線）に進路を変更する。

やがて右手に中田尻《なかたじり》集会施設が現れ、そこには県の有形民俗文化財に指定されている田の神像が見られる。その施設の右前方二〜三百メートルほどの所に小高い山があり、山の麓に鎮座しているのが船木神社である。

この神社で、毎年、航海始めの春祭り「船こぎ祭」が行われている。

神事はまず、神官が祝詞《のりと》を上げお祓いをしてから始まる。境内に並ぶ氏子役員や参集者たちに、神官が神社本殿内の宝蔵に納められている約六十隻の大小さまざまな模型船から、当日集まった人数分だけ一隻ずつ取り出し、次々と列の先頭の人に渡す。境内にぐるりと輪になった氏子たちが隣の人にこの船を渡していく。その際、手渡された人は船を必ず目の高さに捧げ、船を大きく三回、円をかきながら「エンヤオー、エンヤオー」と櫓拍子の掛け声をかけて上下に縦揺れさせなければならない。船が波を越えながら進む状態を表すものである。境内を一周した模型船は再び神官の手によって宝殿に納められる。

第9図　次々に手渡される船

このように「船こぎ祭」は、大きく海で船を漕いでいる様子を再現する古式床《ゆか》しくまた素朴な航海始めの神事である。さらに航海安全を祈ると同時に五穀豊穣や家内安全を祈願するものでもあり、昔は旧暦二月二日に行われていたが、今は三月二十日となっている。

船はそのほとんどがこの地域の人々が寄進したもので、天明《てんめい》、寛政《かんせい》、文政《ぶんせい》時代のものから平成に至るものまでいろいろであるが、中でも一番古いのは天明六（一七八六）年の墨書があるもので、今からおよそ二百三十年ほど前のものということになる。

また、船の種類は貨物船、漁船、軍艦、御座船などさまざまで、貨物船は江戸時代から明治時代初期に活躍した千石船、そして昭和初期の貨物船、漁船は江戸時代の網船から昭和初期の漁船、軍艦は薩英戦争で薩摩藩に砲弾の雨を降らした英国海軍の機帆船や日清戦争の時のわが国の軍艦など多彩である（注）。

見ている方はどんな船が出てくるか楽しみでもある。

いうまでもなく、四方を海で囲まれたわが国では、船は漁撈用としてだけでなく、古代の交通機関として、交易に従事し、富をもたらす重要な用具であった。だから浮宝《うくたから》とも呼ばれていた。反面、科学の発達していなかった時代では、遭難する危険性も高く、船は人間にとっては運命共同体的な存在でもあった。そのために、呪術や、神に頼ることが多く、船自体が非常に神聖なものとして扱われたのである。

奉納された模型船が、ご神体であると氏子に言い伝えられてきたのには、このようなわけがあったものと思われる。

ところで、船木神社のご祭神は猿田彦命であるが、この猿田彦命にも船の伝説がつきまとう。船木山の大木で船を造らせて瓊瓊杵尊《ににぎのみこと》（以下ニニギノミコトと仮名書きにする）の先導をつとめ、船出されたというのがそれである。

猿田彦命は、ニニギノミコトが高天原から、この葦原中国《あしはらのなかつくに》（わが国本土）に天下りされた時、高千穂峰まで道案内をされた神であるが、高千穂峰からはそのまま本拠地の伊勢（現在の三重県）の五十鈴《いすず》川の川上に帰られた、と記紀神話では伝えている。

しかし、ここ吹上ではそれが次のように変化している。

「猿田彦は大汝牟遅尊《おおなむち》（＝大国主命）が大和の国三輪神社から吹上町宮内《みやうち》の大汝牟遅神社への下向に供奉《ぐぶ》して海上恙《つつが》なきを得、さらにニニギノミコトを、高千穂から笠沙へ、また川内への先導を承って、ともに海上保安の重責を果たした」となり、さらに「船木山の大木で船を造らせてニニギノミコトの先導をつとめ、船出された」と変化し、そのようなことで猿田彦の神が、航海安全の神と考えられるようになったのである。伝説の妙といえよう。

神事は午前十一時から始まるが、ほかの祭りと違うところは、すでに述べたとおり、船が取り出され、再び神社に収められるまで、連続した神事の一環として執り行われるところである。三十分ほどで終了し、人々は帰路につく。

かつては祭りに携わる神官も五、六人いて近郷の人たちが沢山集まり、参道の両側には露店が並んで、盛大なものだったそうである。今ではそれほどの賑わいはなく、どちらかといえば簡素なものとなっているが、見るべき祭りの一つといえる。

鳥居から神社にいたる参道の脇に見られる山桜の花びらが、折からの風に吹かれて、はらはらと舞い散る様もまた春を思わせ、この行事に一風情《ふぜい》を添えている。（『船木神社由来考』、『古事記』、『日本書紀』、『吹上郷土史』、『かごしま四季を歩く（春・夏編）』、「南日本新聞」、『ふるさとのお社』、「ライヒライフ・吹上町のガイドブック」）

（注）納められている船の詳細については巻末の参考文献中の『船木神社由来考』、「船木神社の御神体・模型船図鑑」の中に記載されているので、それを参照されたい。

春〜初夏

一、いろいろな形の「お田植祭」

稲荷神社（日置市東市来町湯田）
加紫久利神社（出水市下鯖町）
ほか、四カ所

お田植祭

お田植祭については大汝牟遅《おおなむち》神社の「田島殿《たじまどん》」（87ページ）や霧島神宮の「お田植祭り」（100ページ）、あるいは新田神社の「御田植祭に伴う芸能」（143ページ）など、別に一つの項目にまとめ記述しているが、そのほか、多くの神社でもいろいろな形で行われている。しかし、そのすべてを取り上げることは、紙数的にみて到底不可能なので、そのうち任意ではあるが、いくつか特徴的と思われるもの数社について、次に見てみることにしたい。

なお、このお田植祭は予祝行事（農産物の豊穣を祈って、あらかじめ田植えの諸作業を模擬的に演ずる行事）としてのお田植祭と、実際に早男《さおとこ》や早乙女《さおとめ》たちが、田に苗を手植えする行事の二つの型に分かれている。

予祝行事としてのお田植祭は二月から三月にかけて、また実際に田に苗を手植えする行事は五月から六月にかけて実施されている。

ただし、中には神事のみで、神事の後棒踊りなどを奉納して五穀豊穣を願うものもあるが、これは棒踊りの項で述べることにする。

（一）予祝行事

稲荷神社（日置市東市来町湯田）

ＪＲ鹿児島本線の湯之元駅から国道3号線を串木野方面に向かうと、やがてスーパー「タイヨー」が見えてくる。その手前の交差点を右に曲がり、踏切を渡ったすぐ右方向にこの神社がある。

薩摩国初代守護職となった島津忠久《ただひさ》の生母・丹後局《たんごのつぼね》は、治承《じしょう》三（一一七九）年十二月晦日《みそか》の夜、大坂住吉神社の境内で産気づいたが、近くにはどこにも子供を産めるような宿がなかった。そこで輿《こし》を境内の中にあった石の上に下ろし、生まれたのがこの忠久といわれている。境内で一夜を明かすことになったが、大雨が降り闇夜で困っていたところ、一匹の狐が現れて火を灯《とも》し、局の周りを守護する風情《ふぜい》であった。狐は稲荷神のお使いと考えられていたところから、以後、島津家では氏神として稲荷大明神を崇めるようになったのである。

その丹後局が忠久と薩摩国に下向した時、稲荷大明神を最初に勧請《かんじょう》したのが当社で、由緒ある神社ということができる。

この神社では三月三日に伝統行事の「お田植祭」が催される。

午前九時半から神事が始まり、十時ごろからお田植え行事の開始となる。

神社横の境内に設《しつら》えられた直径三・三メートルの土俵状の土地を田んぼに見立て、農家の「テチョ（亭主）」「カカ（嫁）」「オンジョ（隠居）」の三人が農作業や茶飲み話などを鹿児島弁で軽妙に演じる田演劇風《ふう》の「庭狂言」神事である。

まずテチョの田読み（田の整備）から始まり、水口（田圃に水を引き入れる場所）に祀られた水の神に焼酎、米、塩などを捧げた後、田ならしをする。そこへオンジョが出てきてテチョとの間で、田ならしについていろいろなやりとりがなされる。

一働きした後の中休みに、身重のカカが茶うけを持参し、そこでまた時事問題などを取り入れた鹿児島弁での会話があり、観衆を笑わせる。

一休みしてから、田に堆肥（＝木の葉）をまき、牛を引き出し田耕《たすき》が始まる。黒い布に包まれ牛の姿をした牛役が被る牛面には江戸期のものがあり、鹿児島県の有形民俗文化財に指定されている。牛はなかなか言うことを聞かず時々暴れ回る。そのとき牛の角で突かれたり、子牛（二頭）の角に触ったりすると無病息災の御利益《ごりやく》があるとされ、人々は進んで突かれたり、触ったりする。

田耕が終わると宮司が「一升まきゃ十三俵」と唱えて籾をまき、その籾からすぐに苗が出たとみなして、全員で苗（＝松葉）を田に植え、五穀豊穣を祈る。こうして田植え行事そのものは午前十時半過ぎに終わる。

その後「さのぼい」と呼ばれる地域住民による太鼓演奏、俵踊りや安来節そのほかが披露され、また豊作の予祝として参拝者に餅、飴等が撒かれたりする。最後に抽選会などがあって、およそ十二時半過ぎにすべての神事は幕を閉じる。

なお、この神社裏には国指定天然記念物のヤッコソウが十月中旬から十二月初めに顔を出し、また、椿の甘い蜜を求めてメジロなどの小鳥がやってくる。(『ふるさとのお社』、「南日本新聞」、『鹿児島ふるさとの神社伝説』、『かごしま四季を歩く(春・夏編)』)

第10図　鶴の模型が立つ鳥居

加紫久利神社（出水市下鯖町）

国道3号線を阿久根から水俣方向に道を取り、米ノ津川を渡ってすぐ米ノ津交差点で3号線と別れ、直進して次の信号で右折、さらに次の交差点で左折すると加紫久利神社の赤い鳥居が見えてくる。この鳥居の笠木の上には、羽根を広げた鶴の模型が二羽、左右に立っている珍しいものである。なお、肥薩おれんじ鉄道利用の場合は、米ノ津駅で下車し、徒歩八分ぐらいの所にある。

この神社では三月の四日と五日に春季大祭が催され、初日の四日に「御田植の庭祭」が奉納されている。これは、仮装した田起こし牛(男二人が前足と後足に分かれ、前足は黒い牛の面を被り、後足との間を黒い布で覆う)・鼻取り役・馬鍬《まんが》取りの農夫によるユーモラスな「牛耕《ぎゅうこう》の儀」と、その後、宮司がお払いをした種籾を播く「散籾《うちまき》の儀」からなる。この籾は混ぜて苗を作ると豊作になるといわれ、また家内安全・商売繁盛にと、皆われ先に持ち帰る。

第11図　牛耕の儀

「牛耕の儀」は、田に見立てた境内の一角が舞台で、猿田彦の神や田の神とともに、右記のように田起こし牛や、農民に扮した氏子らが〝耕作〟を行う、というものである。田の神は愛嬌《あいきょう》のある面を付け、観衆を笑わせながら農夫を手伝う。また耕作の途中で、牛が作業で疲れたのか、あるいは単なるサボリなのか、いずれにしても、突然横になって倒れ伏し動かなくなってしまう。農夫が何とかして起こそうとするが、なかなか起き上がらない。いかにも疲れたといわんばかりに、途中で前足と後足を同時に横にあげ、ぶるぶると震わせるなど、これまた観衆を笑わせる。

農夫がいろいろと滑稽な動作で、やっと牛を起き上がらせ、再び耕作が続けられる。暫くして一同は田から去り、その後「打籾《うちまき》の儀」があって「御田植の庭祭」は終了する。午前十一時半から始まり十分ほどの短いものであるが、見ている方では、何となく長く感じられるような不思議さを持っている。なお、神事は午前十時半からである。

ところで、この加紫久利神社は、千二百年前に県内で最初に国の官社（＝式内社：注一）に列せられ、また薩摩国二之宮（注二）の格式を誇る神社である。創建は不明であるが、神代の時代といわれ、二千年前には加紫久利山を御神体として祭祀が行われていたと伝えられている。

また、春季大祭には四百年も続くという伝統ある**加紫久利初市**が開かれ、参道には九州各県から約百の出店が並び、二日間早朝より午後六時過ぎまで苗木や日用品、また飲食品が売られ、賑わいを見せている。

なお、この加紫久利神社の近くに、**野間之関跡**がある。この関は幕末の志士・高山彦九郎が寛政《かんせい》四（一七九二）年、薩摩に入国しようとした時に通行手形を持っていなかったため、二週間ばかりも足止めを食い、ようやくのこと入国を許され、その時に、

薩摩人いかにやいかに刈萱《かるかや》の
関もとざさぬ御代と知らずや

との和歌を詠《よ》んだことでも有名な場所である。厳重な取り調べで知られていた刈萱の関でも、余程のことがない限り通行が自由になっているのに、まだこんな厳しい交通規制が行われているのかと、時代遅れを詠んだ歌である。

なお、早男、早乙女の手植えによる実際の「御田植祭」は、六月十七日午前十一時から参道近く

の神田で行われている。神殿で神事を終えた一同は、境内に張られた「茅の輪」をくぐり、行列して神田に向かう。

大人の早男、早乙女と一緒に米ノ津東小学校の五年生六十人（平成二十七年）も加わり、田植え唄に合わせて苗を植えて行くが、十一時半ごろには終了し、解散となる。（『ふるさとのお社』、「南日本新聞」、『かごしま四季を歩く（春・夏編）』）

（注一）「式社」ともいい、平安時代初期に制定された「延喜式」の神名帳に搭載されている神社のこと。三一三二座が記載され、神社の数にして二八六一座ある。神祇官の祭る官幣社と国司の祭る国幣社に分類され、さらに大社と小社に分けられ、社格に応じてあずかる祭り・幣帛の数量や品目に差異がある。これらの神社以外は「式外社」といわれ区別された。（『日本史広辞典』）

（注二）各国（律令制における国郡里制の国）ごとに一位の神社を定める制度を一之宮制といい、それに準じる神社を二之宮、三之宮と呼んだ。元来国主は神社の管理・祭祀執行の任務を負わされており、任国の主要神社への奉幣・参拝が、一般に行われていた。やがて、政治的関係や立地条件などから国ごとの主要な神社が一之宮、二之宮、三之宮などと徐々に序列化され、地方神社制度として整備、制度化されるに至った。（『日本の大神社総本社名鑑』、『日本歴史大事典』）

世貫《せぬき》神社（曽於市末吉町岩崎）

世貫神社は曽於市を南北に貫く国道269号線沿いの大隅町と末吉町の境に位置し、すぐ近くには曽於警察署がある。

国道を通過する車の音で騒々しい表通りとは対照的に、背の高い杉木立に囲まれ、急な階段を四十段ほど上がった先に本殿はひっそりとたたずんでいる。

第12図　逞しい木造の牛

この神社では毎年三月二十六日にお田植え神事が行われている。午後二時半からの神殿内での神事が終わった後、三時から境内で神牛を中心に行われるものである。まず氏子二人で樫とイボタの枝を用いてカギかけ田まぜを行い、次に神官が、庭先に前もって連れて来られている神牛の後ろから、「ヤイヤイ彼《カ》ノ牛ヲ褒《ホ》メ奉ル」と次のような牛ほめの口上を述べる。

「頭ハ神仙ノ山、両眼ハ日月ノ如クナリ。角ハ水牛、耳ハ聞ク、鼻ハ黄海《コーガイ》、歯ハ剣《ツルギ》ナリ。彼ノ牛ノ背ハ蓬莱ノ山、腹ハ八界ノ海、尾ハ細ク長シ、彼ノ牛ノ股蔵ニサガリタルハ宝栗《ホーグリ》トヤ謂ワン、宝栗ニテハ候ハン。

上遠播《カミトオマキ》ガ四千町、中遠播ガ四千町、下遠播ガ四千町、一万二千町ヲ、只一時ニヨミタオスガ如クナリ」

と、いかにこの牛が逞《たくま》しく優れているかを褒めたたえる。牛は木製で車のついた台車の上に載せられ、人の背丈もあるほどのがっしりとした黒牛である。

この神牛にスキをつけ庭を引き回す荒田よみ、牛洗いのことば、種まき行事と続く。今では氏子たちの高齢化で参加者も少なくなり、行事も簡素化されてきているが、かつては次のような光景も見られたそうである。

「今日で田植えもおわって、きばっくれね～（今日で田植えも終わるから、頑張ってよね～）」と、田植えの無事を祈り農家の女が「神の牛」に大豆や卵を五個も食べさせ、まずは景気をつける。

一日に一万二千町歩も働くと宮司に褒めたたえられた「神の牛」が、スキを引き始めるとすぐ、「だれたー（疲れたー）」とへたばり、観客の笑いを誘った。

その後、田ならしや田植えをする男女のコミカルな演技が続く。まるで、楽しい「舞台」を見ているようだ。ヒルに足を吸われた男が、「ヒー（＝ヒル）が吸った、ヒーが吸った」といいながら客席にヒルをひょいと投げると、お客も大笑い。

田植えが終わり、出演者が田の神様の前まで「おはら節」を踊りながら出てくると、会場から大きな拍手が起こった。

と数年前の「南日本新聞」（平成二十一年十一月十五日）では、以上のように賑やかな行事の模様を報じている。

しかし、今ではこうした光景は見られず、むしろ、時おり笑いは起こるものの、淡々と神事は進んでいく。最後に、長さ十メートルほどの細長い角材が田に見たてた境内に三本、間をおいて並べられ、参加者一同が、その角材の表面にあけられた穴の中に杉の葉を植えて「お田植え祭」は終了となる。杉の葉は各自持ち帰り家内安全を祈ったり、あるいは地植えにして、将来の成木を目指すということである。

昔は、この祭りの時は出店も並び、賑やかだったそうだが、先にも述べたように現在は少子高齢化のため、後継者不足で若者の参加が少なくなっている。早急な対策が必要だと思われた。もちろんそれなりの努力はなされているであろうが。(『ふるさとのお社』、『末吉郷土史』、「南日本新聞」)

(二) 手植え行事

宝満神社(熊毛郡南種子町茎永)

種子島南端の南種子町茎永《くきなが》に鎮座するこの神社では、四月三日、俗に「赤米祭り」と呼ばれているお田植祭がある。水稲農耕文化の始めとされる「赤米《あかごめ》」が現在でも神田で作られているのである。こうした赤米の神事は全国的にも珍しく、当社以外では長崎県対馬市と岡山県総社市だけに伝わっている。

そうしたことから、県はこの「赤米祭り」を「**宝満神社のお田植え祭り**」として平成十一年三月十九日、無形民俗文化財に指定している。

≪宝満神社は、古くから赤米を神米として、その栽培を通して連帯や社会秩序の維持と神仏や自然に対する畏敬の念を育み、守り伝えてきた。この神社のお田植祭は赤米の祭を伴って行われる。

宝満神社の北側約三百メートルの所にお田の森、オセマチ（赤米を栽培する田）、お田（稲庭）、舟田（舟の形をした田）、御畑（直会の場所）がある。

お田植え祭りは、苗取りの儀・苗取り（苗取り拍子を歌う）・お田の森の祭事（降神の儀、お苗授けの儀、昇神の儀）・オセマチで赤米のお田植え（お田植え歌を歌う）・周辺のお田でのお田植え（お田植え歌を伴う）・舟田でのお田植えの舞い（お田植え歌を伴う）・直会・マブリ（社人が役員および氏子総代等を慰労する儀式）の順に行われる。

お田植えの祭りの古い形をよく残している。

保存会を中心に毎年四月初めに茎永の区民、氏子によって継承されている。

昭和四十五（一九七〇）年十一月に「種子島宝満神社のお田植え祭」として、記録作成等の措置を講ずべき無形の民俗文化財に国により選択された。≫

と、「お田植え祭り」が古い形を残しているところに特徴があるとしている。

神事は早朝、祝殿《ほいどん》が海に入り、禊ぎを終えた後、渚の砂をタマシダの葉に包んで、拝殿近くの鳥居に置く。

その後、午前九時からいよいよお田植えが始まる。オセマチ（御畦）という神田で苗取りが始まり、畦に立っている社人たちの太鼓・歌に合わせ苗植えが進められる。肥料は昔から使わず、社人の手によって収穫・管理されるが、収穫された米は御神米として御神前に供えられる。そして、願成就祭（豊作感謝祭）とこのお田植祭の時にだけオニギリにしていただき、残りは種子として保存される。また、これを食べた女性は安産だという。

こうした一連の作業は男子だけで行うのが仕来りで「赤米」はほかの稲より茎が堅く丈が長くなるところから、この地が茎永と名づけられたそうである。

ところで、赤米は「赤味を帯びた古い米。祭りの供物にも用いられた。大唐米《たいとうごめ》」と『大辞泉』に記述されているように、もともとは異国の米だったようである。

大林太良著『稲作の神話』に、

「ヤオ族の神話では、大昔、稲花は咲いたが結実しなかった。ある娘が自分の乳を稲花に振りかけてみると見事な稲穂が出来た。そこで、彼女、全ての稲花に乳をかけようと無理したため、流血した。血をかけられた畑は今でも赤米が出来る。」

と書かれていることからも、また、タイ族は「ハレの日には赤米で強飯《おこわ》を作る」と伝えられていることなどから、赤米は中国南部、インドシナ半島などから日本へ渡来した、いわゆる「古代米」

と考えられる。

この神社のすぐ側には宝満池があり、うす暗い林の中の参道二百メートルぐらいの両脇に赤い木製の燈籠が並び、社殿手前の両側には狛犬《こまいぬ》が控えている。また、近くにはロケット発射基地・種子島宇宙センターがあり、ロケット打ち上げの際、当社にて成功祈願がなされるということである。（「鹿児島県教育委員会ホームページ」、『かごしま四季を歩く（春・夏編）』、『ふるさとのお社』、『新薩藩年中行事』、「南日本新聞」、『鹿児島ふるさとの神社伝説』、『稲作の神話』）

飯富神社（飯富大明神《みやどん》）（霧島市福山町佳例川）
霧島市国分市街地から国道10号線亀割バイパスを都城方面に北上し、牧之原信号を過ぎ、次の信号から左折する。県道478号線（塚脇財部線）に入り、畜産試験場を左手に見ながら進むと、やがて塚脇小学校に至る。周囲は典型的な田園風景だ。さらに進み下塚脇バス停から右方向に進路を取り、所々に立っている「飯富神社へ」の案内板に従って三キロメートルほど走ると、菱田川の傍らに当社の杜《もり》が見えてくる。（都城寄りの「佳例川」バス停から入る道もある）
社殿横には根回り八メートルもあるイヌマキをはじめイロハカエデ、イチイなどの巨木が見られ、いずれも天然記念物として霧島市の指定文化財となっている。
さて、六月第四日曜日の午後一時半からこの神社の「お田植祭」は始まる。神事の後午後二時ごろから、お祓いされた稲束を境内下の神田に運び、地域の小中学生を中心に四十人ほどの人々が田植えに参加する。三十分ぐらいで田植えが終わると、ここから当神社お田植え行事の特色ともいえるウナギ捕りが始まる。隣の田圃《たんぼ》に放たれている六十~七十匹ほどのウナギを田植えに参加した子供たちが泥まみれになりながら、素手で懸命に掴《つか》み捕り合うのだ。

その田圃を下に見下ろす道路では親（とくに母親）の声が飛び交う。「ほらそこに！　早《は》よ捕って袋に入れんね！　ハラ逃げたが！」と大声を出し、子供たち以上に熱が入る。上から見るとウナギの居場所がよくわかり、またウナギの蒲焼きが、食卓に乗っている夕食の情景が頭をかすめているのかも知れない。

「養殖ではなく天然物だから味は格別だよ」との長老の声が、そうした余計な想像を逞《たくま》しくさせる。

大方捕り尽くしたところで、この行事は終わる。たくさん捕った子もいれば一匹も捕れなかった子供もいる。しかし、そこは友愛精神の発揮（！）で、たくさん捕った子から一匹も捕れなかった子へ、それぞれ分け与えられる。

かつて田植えの後の「さのぼり」に、川で捕った魚を料理していたが、その名残としてウナギの掴み捕りになったのだ、ということである。

地域活性化を願いながらこれらの行事は午後三時ごろ一切を終了し、人々は家路を急ぐ。（『かごしま四季を歩く（春・夏編）』）

飯倉神社　（南九州市川辺町平山）

南九州市川辺町平山の市役所川辺支所付近から南の方、川辺町高田《たかた》へ県道263号線（霜出川辺線）を進んでいくと、やがて市之瀬川の宮下橋にさしかかる。橋を渡るとすぐに左の方へ上がる坂道があり、その道を上がって行くと三差路の左手に鳥居が見えてくる。

鳥居のそばには「宮の大クス」と町民に親しまれている鹿児島県指定天然記念物の大きな楠が立っている。この木は蒲生の大クス、志布志町安楽・山宮神社の大クスに次ぐ巨木であるが、いつの頃からか落雷によって幹が三つに裂け、そのうちの一つが枯死したため、今では二本の木のように見える。根もとには六畳敷きほどの空洞がある。

この飯倉神社は当初、開聞岳《かいもんだけ》の辺りに鎮座していたが、元明《げんめい》天皇の和銅《わどう》年間（七〇八～七一五年）に現在の川辺の地に鎮座したと伝えられる。

祭神の玉依姫《たまより》は知覧の豊玉姫神社の祭神・豊玉《とよたま》姫命の妹姫であるが豊玉姫が知覧に祀られ、妹姫の玉依姫が川辺に来られた理由（伝説）については本書152ページ「水車カラクリ人形」の知覧町・豊玉姫神社のところで述べているので参照して頂きたい。

さて、当社では七月の第一日曜日に、県内でもっとも遅い時期に開かれるお田植祭がある。この祭りはこれまでは曜日に関係なく七月十日に開かれていたが、棒踊りの踊り手や行事関係者の仕事の都合その他で、平成二十六（二〇一四）年から七月の第一日曜日に開かれることになった。

午後二時から神事が行われ、三十分ほどで終了する。その後境内でシベ竿を地面に突くリズムに合わせ棒踊りがスタートする。踊りが済むと、今度は面をつけた猿田彦を先頭に早乙女、踊り手らが列をなして神社から三百～四百メートルほど離れた神田へ移動して行く。

神田の一隅に設けられた広場でもまた神事が行われ、その後早乙女五人ら（平成二十六年）による田植えとなる。

第13図　早乙女による田植え

さほど広いとはいえない一枚の田圃での田植えであるが、すでに三分の二ほどは苗が植えられており、残りの三分の一に介添え役の手を借りながら、早乙女が手植えして行く。

二十代ぐらいと思われる若い早乙女が、素足で田に入った途端、「キャ～ッ」と大きな悲鳴を上げる。田植えを経験したことがないのであろう、泥田の泥がにょろりと足に絡みついてくる感触の異常さに驚いたのだ。集まった観衆から大きな笑い声が起きる。

田植えが終わると、ここでも棒踊りの奉納があり、豊作を祈願する。そうこうするうち神田での行事も終わり、一同は再び列をなして神社へ帰って行く。

神社に帰った後からも行事は続く。まず、拝殿内で「田

の神舞」が舞われる。鍬をもち、種の入ったワラットを背負った田の神が、

〜秋の田の穂を照らす稲妻の
　光の間に神ぞ生ずる

と始め、

〜稲の長さ一尺八寸　実の回り
　一尺八寸ばかりころころ　稲の穂がぶらぶら

と豊作を祈って終わる。

鍬をもちながら舞う田の神舞は、ほかには見られない珍しいものだということである。

田の神舞が終わった後、境内の社務所前で三度目の棒踊りが踊られ、午後四時ごろすべての行事は終了し、人々は去って行く。棒踊りおよび関係者の一同は、その後集落内で新築の家々を回り、家内安全を祈っての踊りが披露されるということである。（『ふるさとのお社』、「南日本新聞」、『かごしま四季を歩く（春・夏編）』）

二、激しい動きとリズムの「棒踊り」

伊勢神社（日置市東市来町養母）
八幡神社（伊佐市大口太田）

棒踊り

鹿児島県の数多い民俗芸能の中でも、棒踊りは、最も広く分布しているといわれ、その由来については明確でないが、島津の藩主が棒術を踊りに仕組んで、非常の時に備え、農民の子弟に踊らせたとか、また、島津義弘の朝鮮の役での凱旋祝いに農民が踊ったものであるとか、いろいろの説がある。

この鹿児島県の棒踊りについて、永年にわたり詳細な研究をされてきている下野敏見氏も、その著『鹿児島の棒踊り』の中で、

「鹿児島県では、今や棒踊りのない市町村はないくらい各地に見られ、さかんであり、リズミカルな歌の調子とそれに合わせた激しい棒の動き、ときどき入る元気のよい踊り子たちの囃子《はやし》、カチッカチッと打ち合う棒の音、二列縦隊で四人がらみで打ち合い、あるいは三列縦隊で六人がらみで、前後左右の者と打ち合い、防ぎ、また攻めるという動作は、質実剛健で気の早い薩摩人の気質にぴっ

たりである。

服装は、絣《かすり》の一重を着流し、頭に鉢巻、背に長い襷《たすき》をかけ、わらじをはいている。地味だが、色襷《いろだすき》の揺れや、手さばき足さばきの見事さがうけて、やんやの喝采をうけるのである。

こんなわけで、ほかの芸能は滅んでも棒踊りは長く継承され、今も、あちこちの緑深い神社の境内で踊られているのである。」

と述べられているように、鹿児島県内の各神社に奉納される伝統行事の中で、この棒踊りがほかに抜きん出て多く奉納されている。その次が太鼓踊りといったところである。

しかし、この棒踊りは、それのみが単独で神社に奉納されることは少なく、下野氏が「棒踊りの踊られる期日は、旧二月から五月にかけての、打植祭り、馬頭観音の祭り、御田植祭など、すなわち農耕予祝祭、田耕《でんこう》直前の祈願祭、田植えなどの時期に踊られるのが原則である。このように農耕との深い関係を示す棒踊りは、単にそれが農民芸能であるというだけでなく、棒技の起源が田耕に由来することを示唆《しさ》している。」と述べられているように、棒踊りの元々の起こりは「呪器を打ち合わせて悪霊退散を祈る」神祭りにあったことから、たとえ藩政時代に武術を取り入れて棒踊りが創作されたとしても、その根底においては豊作祈願の踊りだったので、右のようにお田植祭や水神祭あるいは馬頭観音祭などの中で、ほかの行事と合わせて奉納されているのが現状である。

そうしたことが原因なのか、県の無形民俗文化財として、後で取り上げる「太鼓踊」はかなりの数が指定されているが、この棒踊りで単独に指定されているのは、伊佐市菱刈下手の水天神社で踊られる「錫杖踊り」（262ページ）くらいのものである。単独ではないが、ほかのものと合わせて指定されているのも姶良市加治木町の「吉左右踊・太鼓踊」（176ページ）の中の「吉左右踊《きそおどり》」、「新田神社の御田植祭に伴う芸能（奴踊、棒踊）」（143ページ）および「鹿児島市中山町の虚無僧踊り」（169ページ）の三つだけである。もっとも「錫杖踊」と「吉左右踊」および新田神社の「棒踊」は棒踊りの中でも、その変形というべきもので、基本形ではない。

これも前記の下野氏によると、

「棒踊りは棒をもって踊るのが基本になっているが、棒の代わりに鎌、長刀、鉈を持って踊るものや、太刀、笹、幣、錫杖を持って踊るものもある。棒は六尺棒または三尺棒を持って踊る。まれに五尺杖《づえ》を持つ場合もある。（傍線：筆者）」

ということで「錫杖踊」や「吉左右踊」および新田神社の「棒踊」は変形の一種ということになる。ところで、これもすでに述べたように、県内の神社では採り物の違いはあれ、棒踊りを伝統行事としている神社が数多く存在している。しかし、いずれも幾らかの違いはあっても、内容的には大同小異といったところで、従って、ここではそれらの中から任意に二つだけを選び、全体を代表することにしたい。（『鹿児島の棒踊り』、『入来町誌（下巻）』）

伊勢神社（日置市東市来町養母）

日置市東市来支所から県道305号線（養母長里線）を北東方面に道を取り、薩摩川内市入来町浦之名方向に進んで行くと、やがて九州新幹線ガード下を過ぎ、北山自治公民館の先で県道304号線（仙名伊集院線）と合流する。合流点のすぐ百メートルほどの真北に養信寺と隣接して伊勢神社が鎮座している。「おいせさあ」と地区民から愛称をもって親しまれているこの神社では、五月の第一日曜日に「伊勢神社奉納棒踊り」が踊られている。

以前は「チタッオドイ（ついたちおどり）」と呼ばれていたように、六月一日に行われていたが、今と違って麦作が普通だった当時の六月一日は、麦刈りの最盛期に当たり、それを避けるため五月一日に変更されていた。しかし、現在では踊り手などが集まりやすいように、五月第一日曜日に再変更されている。

第14図　小中高生も交えて棒踊り

五穀豊穣と悪疫退散（疱瘡）を願い二百年前から伝承され、示現流の護身術からあみだされたものという。

午前八時半から神事が始まり、それが済んだ午前九時に最初の地区が態勢を整えて境内に入ってくる。以後、地区ごとに棒・鎌・太刀などを使って踊りが奉納されるが、これらの「棒踊り」はまた「お田植え踊り」「うた踊り」とも呼ばれている。

小中学生や高校生を交え、勇壮な踊りが披露される。

それらが終わると、小休止の後、十時半ごろから、「アトヤマ（棒踊り＝「サキヤマ」の後に行われるので「アトヤマ」という）」の庭狂言があり、集まった見物人を楽しませる。

この庭狂言では荻集落青壮年部が中心となって、遠山の金さんや水戸黄門ら時代劇の人気者を主役に、ユーモアたっぷりの熱演で、会場いっぱいに笑いが広がる。

充分に楽しんだ後、十一時過ぎ全員が集合し、一同拝礼してから解散となる。（『ふるさとのお社』、「南日本新聞」、「伊勢神社パンフレット」）

八幡神社（伊佐市大口太田）

伊佐市大口の中心街から、国道268号線を山野方面へ三キロメートルばかり進んだ右手に鳥居が見えてくる。その奥に八幡神社、通称郡山《こおりやま》八幡神社が存在している。

この神社では毎年五月五日の午前十一時から春季大祭の神事が始まり、その後、正午になると伝統の棒踊りが奉納される。年によって違いはあるが、二十人ほどの青壮年や子供たちが、絣の単衣《ひとえ》姿に黄色の襷《たすき》をかけた組と赤色の襷をかけた組の二つに分かれ、二列縦隊で鳥居から神殿に向かって参道を進んでくる。参道の途中から黄色二人、赤色二人の四人が一組となって勇壮な棒踊りが始まる。地面を突いたり、向き合ってカシッカシッと打ち合ったり、あるいは棒で足を払うと相手は高く上に跳び上がるなど、さまざまな演技が続く（注）。一つ間違えると危険が伴うものだが、訓練の成果でそうしたこともなく、徐々に境内へ移り、いったん二列縦隊で祭神に五穀豊穣や家内安全を祈願してから、再び四人一組の棒踊りとなる（口絵11）。

二十分ほど踊りが続いた後、祝儀《はな》の披露があってから一休みし、やがて一行は車や徒歩で地区内の新築や男児誕生の家々を巡回して各家庭の厄除けや健康を祈願する。かつては、二、三日かけて夜通し踊ったという一大イベントも、過疎・高齢化に伴い年々縮小し、現在では訪れる家も四、五軒ほどと数少なくなっている。

各家庭を巡回してから、再び神社に帰り、締めの踊りをして一連の行事は終了する。

ところで、この八幡神社は国の重要文化財建造物としても県内有数の神社である。「本殿一棟付宮殿一基」が、室町および桃山形式の手法と琉球建築の情緒が強く加味されている、として昭和二十四（一九四九）年五月三十日に指定されている。

それとともに、この神社は「焼酎」の落書きがあることでも有名である。

神社は昭和二十九（一九五四）年に国の手で本殿の建物が復元補修された。その時、本殿北東の柱貫《はしらぬき》（柱と柱との間を横に貫く材）の先端に、久しく釘付けにされ塗り込められていた木片の裏に、落書きされているのが見つかった。

その時座主ハ大キナこすてをちやりて一度も焼酎を不被下候
何ともめいわくな事哉

永禄二歳八月十一日
作次郎
鶴田助太郎

これは永禄《えいろく》二（一五五九）年にこの神社が修復された時、発注者の座主《ざす》（住職）が焼酎を振る舞わなかったので、そのけちぶりを怒って書いたものであるが、永禄当時すでに焼酎があったことを立証するものとして、また、焼酎という文字が出てくる最古のもので現在も使われている焼酎の字と少しも違いないことが、この落書きを意義あるものにし、有名にしているのである。

今も昔も焼酎が変わりなく薩摩人に愛飲されていることを示す貴重な資料ともいえる。

なお、この神社はまた、安産の神としても信仰されている。（「南日本新聞」、『ふるさとのお社』、『大口市郷土誌（上・下巻）』）

（注）この踊りはいくつかの基本形からなっているが、その基本形は、
・上で相手の棒を捲いて井の字型にして、しゃがんで下へおろす「マッボ（捲き棒）」

・杵のように四人の棒をいっしょに地に立てて踊る「立て棒」
・上で相手の棒を互いに打ち上げた格好の「ウッチャケ（打ち上げ）」
・自分の頭上で相手の棒を受け止める「カンメ棒」
・立ったまま四人が水平に打ち合う「ヨッタイウッ（四人打ち）」
・相手の足を切り拂《はら》う「ハレボ（拂い棒）」
・相手を突く「突き棒」
などである。

三、幼児が主役の「唐カラ船祭」

九玉神社（南さつま市坊津町泊）

五月五日の「子どもの日」、南さつま市坊津町泊《とまり》で「唐《カラ》カラ船祭」という伝統行事が行われている。男の子の健やかな成長を祈るものだ。

行事は午後二時半から始まる。まず、泊公民館に準備を済ませた一同が集合。ここで隊列を組み、約五百メートル離れた九玉《くだま》神社へ向けて出発する。

新聞紙のかぶとに浴衣姿の未就学児童らが、厄除けの小猿の人形が付いた色鮮やかな船を引き、少女たちと婦人会の踊り連や大型船を押す男性らに囲まれて、ゆっくりと進んで行く。

子供たちの引く船は、中国との交易船に模した六十センチメートルほどの船で、進む時木製の車輪がカラカラと響くところから、また中国との交易船に模したことと合わせて「唐カラ船」と呼ばれている（口絵12）。

三十分ほどで神社に着いた子供たちは、引いてきた船とともに、拝殿内で神官のお祓いを受け、無病息災を祈願する。

その後、境内で少女組と婦人会のそれぞれによる踊りが奉納されるが、この時少女たちが踊る奴踊りは、この地方の伝統芸能として代々伝えられているものである。

続いて子供たちの船引き競争が始まる。二歳以下の年少組とそれ以上の年長組に分け、それぞれ境内の端から向かい側の端まで競争するものであるが、さすがに年長組は、まともに船を引いて走って行くものの、年少組の中には途中から引き返したり、ぐるぐる回ったりして、なかなか前に進まない者がいる。保護者がとびだし一緒に付き添って決勝点まで到達するという微笑《ほほえ》ましい光景も見られた。

その後、これらは神社下に広がる砂浜に場を移して、再び実行される。

最後は海岸に着けられた船から餅まきがなされ、午後四時半ごろ一連の行事は終了する。船を引くのは未就学児童に限られ、小学校に入ると参加できなくなるということだ。

ところで、九玉神社は県内に六社見られるが、そのうち三社が坊津町に存在している。この祭りが行われる神社は坊津町泊荒所に鎮座するものである。

枕崎方面から国道226号線を坊津町の方へ進むと、坊津病院を過ぎたところに小泊《おどまり》のトンネルがある。そのトンネルを抜けると、すぐ左手のこんもりとした丘の上に当神社は存在する。さらに、その道を五百メートルほど進んだ泊川の右手前に、泊公民館はある。

すでに知られていることであるが、坊津と唐とは古くから密接な関係にあった。すなわち、ここ坊津は薩摩半島の南端に位置し、その地理的条件によって早くから中国の商船が往来していた。中国の商船だけでなく、わが国の遣唐船なども航海の途中に立ち寄り、ここからいよいよ中国大陸に向けて最後の船出をするといったように、日中交通の重要な道筋として内外の諸船が輻輳《ふくそう》(一カ所にこみあうこと)し賑わっていたのである。

その賑わいぶりを古謡では、

坊津千軒甍《いから》の町も出船千艚《ぞう》の帆に隠る

と謳《うた》っているほどである。

さらに藩政時代になって、徳川幕府によって鎖国令が敷かれ、自由な海外貿易が禁止されたにかかわらず、ここ坊津は幕府禁令の網の目をくぐって行われた抜け荷(密貿易)の領内最大のルートであった。それを証する密貿易屋敷跡が坊地区に残っている。

こうした中国（＝唐）との関係が、唐カラ船に反映されているのはいうまでもなかろう。

なお、**一乗院跡**、**鑑真和上《がんじんわじょう》上陸記念園地**、**洋画「００７は二度死ぬ」のロケ地**など、坊津町には名所旧跡が多く存在し、見過ごすことのできない地区である。（『ふるさとのお社』、『かごしま四季を歩く（春・夏編）』、「南日本新聞」、『薩摩の豪商たち』）

四、「せっぺとべ」で全身泥まみれ

八幡神社（日置市日吉町日置）

ＪＲ伊集院駅から県道37号線（伊集院日置線＝南薩摩路）を加世田方面に南下し、日置市日吉町日置にあるバス停の「郵便局前」を山手の方に左折、五百メートルほど進むと正面に八幡神社が姿を見せる。周囲に、物静かな田園風景が広がっているところである。

この神社の創建年代は明らかでないが、正中《しょうちゅう》元（一三二四）年の日置北郷下地中分《ほんごうしたじちゅうぶん》（鎌倉時代、荘園領主と地頭との争いを解決するため、土地を折半、あるいは二対一に分け、それぞれ領家方、地頭方の保有権や処分権を認め、相互に侵犯しないようにしたこと）絵図の中に、この神社のことが記載されているので、古い時代から村落の鎮守として崇められていたことが想像される。

この神社では毎年六月の第一日曜日に、伝統行事としての「お田植踊」（ほかの神社の「お田植え祭」と同じ）があり、多くの人々が集まってくる。

午前九時半から神事が始まり、三十分ほどで終わる。終了後、各集落による棒踊り、虚無僧踊り、笹踊り、太鼓踊りなどが奉納され、その際高さ十メートルから十五メートルほどもあろうかと思われるシデ竿が、それぞれの先頭に立つ。シデ竿は孟宗竹あるいは唐竹（淡竹《はちく》）を根元から掘り出し、頂上に半分色づけされたシデ（＝紙垂）を垂らしたもので、踊りの間、地面を「ドシンドシン」と突く。そのため地面に穴があくこともしばしばである。

踊りが奉納されている間、「せっぺとべ」が境内横に設《しつら》えられた縦十メートル、横六メートルほどの小さな田圃で自然発生的に始まった。午前十一時前まで入れ代わり立ち代わりして続く。

社殿境内での行事は、十一時ごろに一応打ち切られ、高さ三メートルほどの大王殿《でおどん》を先頭に、一同は神社下の齋田に場所を移す。そこでもまた田圃の一隅で神事が行われ、棒踊りや笹踊り、また虚無僧踊りが奉納される。

その間二反（約二千平方メートル）ほどの田圃で、運ばれてきた八本のシデ棒が一方の隅から筋向かいの隅へと立てたまま移動する。ここでもまた自然発生的に「せっぺとべ」が始まる。

最初は少人数であったものが、最終的には六十〜七十人へと膨れあがる。

正午前に行事は終了し、神輿《みこし》は来た時と同じように、大王殿を先頭に神社に帰って行かれる。


ところで、「せっぺとべ」とは一体どのようなものか。

それは、白装束の若者らが境内および齋田で「やれとべ、せっぺとべ」の掛け声とともに飛び跳ね、田を足で踏む行動を繰り返すことで、豊作を祈るものである。

下野敏見氏はその著『鹿児島の棒踊り』の中で、

「せっぺとべとは、一生懸命跳べという意味で、稲が泥まみれになり、根つきが順調であるようにという類感呪術（61ページ（注）参照）である。高いシベ竿に神霊を勧請し、それで地の扉を突き開き、その生命力を獲得し、いっぽう人間は泥んこになって稲の模擬行為をしてその生育と豊作を祈願する呪術世界がそこに見られる。」

と述べている。

このように、せっぺとべは「精いっぱい跳べ」の方言で、御神田で大小の円陣を組んだ若者らが「オイヤマケチャンゲ」と歌いながら、「チョシ、チョシ、チョシ」と威勢のいいかけ声に合わせて跳ね回り、時々田の中に倒れ込んだり座り込んだりする。そのため、白装束はもちろん顔までたちまち泥んこになり（口絵13）、それを見ながら集まった観衆は笑い声をあげる。

このせっぺとべは、長い間男性中心のものだったが、近年では、たまに女性も参加することがある。このように女性が参加できるようになったのは、十数年前に学校で英語を教える外国人女性が参加してから、次第に国内外の女性にも開放されるようになったからという。

ところで、奉納行事の中でも町内諏訪地区の笹踊りは優雅で独特という印象を受ける。絣の着物に刀を差し、やや深めの菅笠を被り、右手には笹竹（長さ二メートルほどの笹のついたコサンダケ）を持っている。この笹竹と木太刀で踊るが、武芸としての型は全く見られない。どことなく大名行列の奴《やっこ》を思わせるような風情《ふぜい》があり、素朴な農民たちが、心から神に豊穣《ほうじょう》を祈願する物静かで悠長な感じのする踊りである。

なお、「せっぺとべ」を含めた一連の行事は、この日置八幡神社だけでなく、この神社から南へ一・五キロメートルほど離れた吉利・**鬼丸神社**でも、同じ六月の第一日曜日に行われている。ただし、こちらの方は午前八時半から神事が始まるが、行事の流れはほぼ八幡神社と同じである。（『ふるさとのお社』、『鹿児島の棒踊り』、『デオドン再生事業調査研究報告書』、『かごしま四季を歩く（春・夏編）』、『日吉町郷土誌』、「南日本新聞」）

五、御田植祭に伴う芸能「奴踊り、棒踊り」

新田神社（薩摩川内市宮内町）

薩摩川内市《さつませんだい》市役所の北西方向に、中越パルプ工場の大きな高い煙突が見え、白い煙を空に噴き上げている。煙突の奥には小高い山があり、その名を神亀山《しんきざん》という。亀の形をしているところから名が付けられたこの山の上に新田《にった》神社が鎮座している。祭神は瓊瓊杵尊《ににぎのみこと》（以下、ニニギノミコトと仮名書きにする）を主祭神とするが、このニニギノミコトは霧島神宮のところでも述べているように、遠い神代の昔、わが国を治めるために、多くの神々を引き連れて高千穂の峰に天降りされた神様である。そして、高千穂の峰のある霧島の地に初めて米を作られ、その後、今の南さつま市の笠沙宮《かささのみや》に移られた。そこで山の神様である大山祇神《おおやまつみのかみ》の娘・木花之開耶姫《このはなさくやひめ》を娶《めと》られてから、海路東シナ海を北上して川内の地に来られたという。

川内に着かれたニニギノミコトは、そこに立派な高殿《うてな》（千台）を築いて住まわれた。「川内（せんだい）」の名はこの「千台」からきているそうだ。

やがてニニギノミコトは亡くなられ、墓が作られた。これが今の可愛山陵《えのさんりょう》で、その山陵の真下に社《やしろ》を建て、ニニギノミコトをお祀りするようになったのが新田神社の始まりである。

なお、新田神社の「新田」という名前には、ニニギノミコトが川内の地に川内川から水を引いて新しく田圃を作られたという意味が込められている、とのことだ。

さて、当神社では、六月十一日に近い日曜日に「お田植祭」が行われている。従来は十一日の入梅の日だったが、昭和五十六（一九八一）年から十一日に近い日曜日に変更されている。

まず、新田神社の神域内にある食物の神を祭る保食《うけもち》神社で、午前十時過ぎごろから神事が始まり、この神事で清められた苗を、近くの皇国《みくに》幼稚園の園児らが御神田に運び、早男《さおとこ》と早乙女《さおとめ》が丁寧に植え込んで行く。と同時に周囲の畦では、同市宮内町《みやうちちょう》と樋脇町倉野《ひわきちょうくらの》地区の住民によって、県の無形民俗文化財に指定されている「奴《やっこ》踊り」が奉納される。竹を薄くはいだヘギ（バリン）を付けた、まといのような長い竹竿を振り回す踊りである（口絵14）。

県は、以下のように指定理由を述べている。


≪新田神社の御田植祭は、古くは旧暦五月六日だったが、現在は入梅の前の日曜日に行われる。この日に、樋脇町倉野と川内市宮内からそれぞれ一組が出て奴踊を奉納する。

当日の朝、新田神社の下にある保食神社で清めた苗を神田に運び、白衣姿の早男、緋の袴を着けた早乙女が田植えを始める。すると神田の両側に控えた田植仕事着姿の奴たちが、竹竿の先に割竹八本をつけたバリン（馬簾）を回しながら奴踊を踊る。田植歌に合せてバリンを回すと、八本のへギが広がりサラサラと美しい音をたてる。

また、境内では寄田町棒踊をはじめ、川内市内の棒踊も奉納される。

田植祭りにおける芸能のもっとも顕著なもので、農耕と神社の信仰をよく保っていると考えられる。≫

なお「奴」は人間ではなく、握り太の竹の竿のことだと、『川内市史』では言っている。この御田植祭について『川内市史』の中で、その模様が詳細に描写されているので、長文ではあるが、より一層理解を深めるためにそれを次に記載しておこう。


「六月入梅の日（六月十一日ごろ）は新田神社のお田植え祭りの日であり、神田に苗を植える時に踊るのが奴踊りである。鹿児島県指定無形民俗文化財である。

保食《うけもち》神社の前で神事が荘重に行われたあと、浄められた苗を赤い袴の女の児、白半てんの男の児ら（皇国《みくに》幼稚園児）が籠に入れて神田に運ぶ。ここの神田は約四アール、青竹で玉垣が田を囲んで作られてある。昔ながらの白張《はくちょう》（白丁）姿のさ男・緋の袴のさ乙女が田植えを始めると、田の両側に控えた男たちが歌に合わせて奴踊りを始める。片側に倉野（樋脇町）、片側に宮内地区（川内市）の奴踊り連中がその主役である。握り太の竹の竿（これを奴《やっこ》という）の先端にかざりがつき、そのかざりの根元からよくしなう割竹が六～十本つけてある。竿（奴）の長さ二メートルぐらい、割竹は二・五メートルぐらい。竹の軸をまわすと割竹がグルーッと躍り上がる。片側に五、六名。そのほか、二・五メートルぐらいの竹竿の上に踊り笠ようのものをつけ、そこから馬の尾の毛のようなものをぐるっととり巻くように下げた奴竿を持つ者も二、三名いて、悠長な歌にあわせて廻す。服装は菅《すげ》笠にハッピ・白ズボン・手甲・脚絆・わらじのいで立ち、腰には焼酎の入った瓢箪。

何百年の古さを持つもの故、テンポは速くないが、田植えの人々の手つきとよく調和し、いかにものどかである。田植えが終わるまで続く。

田植えがすんだ後、奴踊り連中の直会《なおらい》がある。酒に酔った連中の奴踊りがまた始まる。田の溝(今は溝川の土手)に一番奴、二番奴と並んで、奴をふりまわす。酒が入っているので足元はフラフラであるが、それでもピシッと型にはまって、歌舞伎のたたらを踏むような型になると拍手だ。歌い手が三、四名、太鼓の音に合わせて歌う。

倉野の歌詞

〝穂植えてまいらしょ　お八幡様よ　前田せの上十六町　今日こそ植ゆるは

九石九斗まき　植えてまいらしょ　お田の神様よ　中に黄金を　入れてまいらしょ〟

以前は田の広さをいうのに普通一反を六升まき、一町を六斗まきと種子籾の量で数えたものである。

倉野の人々の踊りがすむと今度は宮内地区の人々の踊り。歌詞は短い。

〝ものの見事は　八幡馬場よ　うしろは山で　前は大川〟

歌詞はこれだけだが、一曲終わるのに十分もかかろうか、酔っているため、奴を廻すとはずみで田に転落する。水がはね、泥がはねる。そばにいた別の奴の人が泥田の中に入っていって泥をかけ、水をかけ、おし倒し、四、五人がびしょびしょの泥んこ。こうした賑わいと喧噪が延々と続く。歌はなおつづく。気を取り直して一番奴、二番奴と踊りながら土手を去っていくが、あたりは爆笑と拍手。スリルと奇声。これもただ酔っての興奮ではなくて、無事に田植えが終わったことへの祝宴の名残りでもあろうか。

この奴踊りの歴史は相当古いらしい。七百年の歴史があるとも伝えられているが――。

今から千年も昔、平安朝の中ごろ、樋脇町倉野では凶作の年がつづいて農民は非常な困窮にうちひしがれていたそのある年のこと、倉野の一農民がお互いに元気づけようとオコ（農具。稲束などをかつぐために堅木の両端を尖《とが》らした鉾の一種）の先に藁束を結《ゆ》わえつけ、それをぐるぐる回しながら、田植えをしている田の畦のまわりを踊り歩いた。すると、その年は大豊作であったので、それ以来保食の神に踊りを奉納することとなり、新田神社は川内地方の総社であったから、それ以来新田神社神田のお田植えに奉納することとなったという。宮内地区の人々もまた、ここは自分たちの所の神社であるからといって奴踊りを奉納するようになったといわれている。

当日は、奴踊りのほか、棒踊りや手踊り、あとやま、虚無僧踊りなど奉納されたが、今は数少なくなった。」

というのがそれである。

なお、倉野地区の人々が参加することについては、次のような伝説も残っている。

昔、倉野の里人が川のほとりで釣り糸を垂れていた。そこへ川上から一人の美しい気品のある男が、大きな稲穂の舟に乗り波に揺られて下ってきた。里人はびっくりして思わず釣り竿を引っ込めた。

舟の男は、辺《あた》りの様子を眺めながら里人には全く気づかない様子で、里人が熱心に見つめている中を、その舟は滑るように川下の方へ流れていった。そこには深い淵があり、水面には高さ二十メートルほどの崖が黒い影を落としていた。

舟は淵を流れ、早瀬を走ったかと思うと、次の瞬間あっという間もなくひっくり返ってしまった。岩かどに舟が突き当たったのだ。これを見た里人は、とっさに釣り竿を投げ捨てて川に跳び込み、男を救い上げた。男は大変喜んで、乗っていた稲穂の舟から一掴《つか》みの種子籾をちぎって里人に与え、

「あなたのお蔭で命を拾うことができた。これはよく実る籾の種で、味も良く収穫も多い。この倉野は土地も広くよく肥えているようだから、これを蒔《ま》けば豊作は間違いないだろう」

と言って、再び稲穂の舟に乗り川霧の中に消えていった。

里人は籾の種を大事に懐に入れて持ち帰り、翌《あく》る年にその種を蒔いた。秋には見事な稲が実り、それを伝え聞いた人たちはその種子籾を貰って、自分の田圃に蒔いたので、倉野では毎年豊かに実ったということである。

後になってこの稲穂の主はニニギノミコトであることが分かった。そこで人々は、今は稲穂巌《いわ》といわれている、二十メートルほどの崖の上に社《やしろ》を建て、五穀豊穣《ごこくほうじょう》の神として祀った。それが倉野の**稲穂神社**である。

こうした因縁から倉野の人たちは、感謝の意を込めてニニギノミコトが祀られている新田神社のお田植え祭に参加するようになったということである。（「新田神社案内パンフレット」、『かごしま四季を歩く（春・夏編）』、「鹿児島県教育委員会ホームページ」、「南日本新聞」、『川内市史』、『樋脇町史』、『鹿児島ふるさとの神社伝説』）

新田神社のお田植祭で、奴踊りと合わせて奉納されるのが、これも県の無形民俗文化財に指定されている「寄田《よりた》三尺棒踊り」で、神田のお田植えが済んだ後の午後一時から神社の中庭で踊られている。

踊り子たちは紺絣に白たすきを掛けた鉢巻姿で「おーせーろー」という唄い手の歌に合わせて三尺（約九十センチメートル）の木刀を打ち合い、地面を突きながら、勇壮に舞う。地面を突くことなどから、棒踊りの項（129ページ）で述べているように、眠っている大地の地霊を呼び覚ましたり、田開きや虫を追い出すための踊りともいわれている。起こりは、諸説ありはっきりしていないが、農民らは秋の収穫が終わると、田の地霊は土の中で眠りにつくと考えていたことがうかがえる。

ところで、ほかの一般的な棒踊りの多くが、連続した棒の打ち合いであるのに対し、この寄田棒踊りの特徴は、踊りの途中で木刀を腰に差し、手踊りが随所に入るところにある。

寄田は川内駅前から川内川の左岸沿いに河口の方向へ進んで行くと、これも県の無形民俗文化財指定の盆踊り「**想夫恋**」で知られる久見崎《ぐみざき》や、川内原発そばの美しいみやま池を過ぎた二キロメートルほどのところにある。

奉納当日は、地元の公民館や神社で披露された後、新田神社に奉納されている。（「南日本新聞」、『鹿児島の棒踊り』）

夏

一、精巧な動きの「水車カラクリ人形」

豊玉姫神社（南九州市知覧町郡）

観光客で賑わう「知覧武家屋敷群」を左手に見ながら川辺町方向へ一・五キロメートルほど進むと、県道27号線（頴娃川辺線）の道路に隣接した極めて分かりやすい所にこの神社は建っている。

神代の時代、綿津見神《わたつみのかみ》（＝海を支配する神）に二人の娘がいた。姉を豊玉《とよたま》姫といい、妹を玉依《たまより》姫といった。姉の豊玉姫は川辺に、妹の玉依姫は知覧に封ぜられることになり、衣の郡《えのこおり》（今の頴娃《えい》、開聞《かいもん》の辺り）をお発《た》ちになった。

ところが、もともと知覧の地を指定されていた妹の玉依姫は、川辺が水田に富む豊かな地であることをお知りになり、どうしてもその地が欲しくてたまらなくなった。そこで、夜明けとともに急いで玄米のまま朝食を炊《た》かれ、姉姫が行かれるはずだった川辺に向けて出発された。

一方、姉の豊玉姫は、いつものように玄米を研《と》いで白米とし、その白米を炊かれたことから出遅れてしまい、やむなく知覧へ向かい、上郡《かみごおり》の城山の下に宮居を定められた。

こうして知覧に宮居を定められた姉神であったが、もともと心根の優しい姫神で郷民を大切にされ、慈《いつく》しみを持って統治に当たられた。そして長い年月の後お亡くなりになった。そこで人々はその御遺徳を慕《した》い、城山（後の亀甲城）の麓に社殿を建立《こんりゅう》し、お祀りしたのが当神社の始まりと伝えられる。その後、父の豊玉毘古命《とよたまひこのみこと》（＝綿津見神）、夫の日子火火出見命《ひこほほでみのみこと》、妹の玉依姫も合祀されたが、天正年間《てんしょう》（一五七三〜九二年）火災に遭い、慶長《けいちょう》十五（一六一〇）年、時の知覧の領主島津忠充が現在地を寄進して遷宮したということである。

この神社は豊玉姫の名にちなみ、玉のような美しい子宝に恵まれる安産の神として、また、海神の姫君であるところから、漁業をはじめ航海安全の神としてとくに篤《あつ》い信仰を集めている。

ところで、鹿児島では七月から八月上旬にかけて、県下各地の神社やお寺で「六月灯」（次項参照）という祭りが行われている。

この神社でも毎年七月九日がその日となっており、その祭りで披露されているのが、昭和五十八（一九八三）年四月十三日、県の有形民俗文化財に指定された「水車カラクリ人形」である。

≪「デメジンのカラクイ」（大明神の絡繰）とよばれて、古くから知覧の人びとに親しまれてきたカラクリ人形で毎年七月九日の豊玉姫神社の六月灯に公開される。これまで伝承者の創意や工夫で「五条の橋の牛若丸と弁慶」、「天岩戸」、「浦島太郎」、「桃太郎の鬼退治」などが公開されてきた。

このカラクリ人形は水車を動力源とし、木製の各種の歯車、滑車、錘子、ツルギという木製キャタピラ状のベルトコンベアなどを使って、人形の位置が変わるばかりでなく、手足や首も複雑に動くように工夫されており、他に例を見ない。現在、同神社には、歯車やツルギなどの機構材のほか、人形数体、人形のさまざまな持物などが残されており、それらに基づいて正確に復元されたものが公開されている。

古くは、男児の初節供に車つきのカラクリ人形を道端に置き、衆人に見せる風習があり、これと関係あるものと推測される。

昭和五十九（一九八四）年十二月二十日、加世田の水車カラクリとともに、記録作成等の措置を講ずべき無形の民俗文化財（名称：「薩摩の水からくり」）として国により選択された。》

というのがその理由である。

このように、水車の動力を利用した精巧な人形劇であるが、従来人形が跳び上がる動きは縦方向のみだったのを、平成二十四（二〇一二）年の演目「牛若丸と弁慶」では空中での横移動に挑戦し、五条大橋の場面で弁慶の振るう薙刀《なぎなた》をかわし、姿勢を変えながら欄干を跳び渡る牛若丸を表現するなど、精巧な工夫が加えられてきている（口絵15）。

上演は午前九時から午後十時まで。

なお冒頭でも述べたが、この神社の近くには「**知覧の武家屋敷**」で知られる名所旧跡や、また、「**知覧特攻平和会館**」などもあり、多くの観光客を惹きつけている。（「鹿児島県教育委員会ホームページ」、「南日本新聞」、『鹿児島ふるさとの神社伝説』）

二、多くの灯籠が揺れる「六月灯」

照國神社（鹿児島市照国町）

毎年七月に入ると、旧鹿児島藩内（鹿児島県全域と宮崎県の一部）の神社・仏閣は六月灯一色に包まれる。かつて、旧暦の六月（現在は新暦七月）に行われていたためにその名のあるこの祭りは、「ロッガッドー」の呼び名で県民に親しまれ、県内の神社や寺院で、それぞれ日を定めて行われる夏祭りである。鹿児島市などでは、七月に入ると毎晩のように市内の数カ所で催され、次々に月末まで続く。

中でも七月の十五、十六日に行われる照國神社のそれは最大の規模を誇り、奉納される灯籠《とうろう》は八百を数えるほどの壮観さである。参詣者も肩を触れあうほどの多さで混雑し、団扇《うちわ》片手に行き交う若い男女たちの浴衣姿が、さらに華やかさを添える。

沿道には数多くの出店が並び、子供たちが、この時とばかりに親に欲しいものをねだっている姿も微笑《ほほえ》ましい。

この六月灯は、島津家十九代当主光久が上山寺新照院《じょうざんじしんしょういん》の観音堂を造立して参詣した折、沢山の灯籠を寄進したのが始まりという。

もっとも、地方、たとえば指宿市玉利にみられるように、「六月ノオツメアゲ（お燈明上げ）」といって早馬《はやま》・秋葉神《あきばのかみ》や鎮守様などにお灯明を上げ、牛馬の疫病払いや田の病虫害駆除を祈る習わしがあった。こうした民間の行事が洗練されて六月灯の祭りになったのだろうという説もある。

第15図　奉納された灯籠の一部

また『末吉郷土史』には、

「六月灯は夏祭とも言われ昔から行われて来て居る。六月というのは旧暦でいうので、現在では七月になる。この頃は旱《ひでり》が続いたり、反対に霖雨《りんう》が降ったりするので悪疫も流行りがちであるし、とかく健康を害することの多い頃である。そこでこうした禍を未然に防ぎ、悪疫を逐《お》いはらい、各人が知らず知らずに受けた罪穢《つみけがれ》を祓うため、氏子が挙《こぞ》って氏神様に参って御祈願をあげるというのが六月灯、夏祭の起源である。（振り仮名：筆者）」

との記載もある。

しかし、ここでは島津光久説を基に見ていくことにする。

島津光久が薩摩の国を襲封したのが寛永《かんえい》十五（一六三八）年五月のことで、その三年前の寛永十二年に、徳川幕府による参勤交代制が採り入れられ、以来、光久は江戸と鹿児島とを往来することとなる。その途中、京都の伏見藩邸に逗留《とうりゅう》するが、その折、万燈会《まんどうえ》を見聞し、領民安住のため、薩摩藩にも万燈会を導入しようと考え、災禍が発生しやすい水無月《みなづき》（＝六月）を選択し、六月灯として領民の信仰を集めたということである。

その万燈会とは、懺悔《ざんげ》・滅罪のために仏・菩薩に一万の燈明を供養する法会のことで、白雉《はくち》二（六五一）年に朝廷内で催された記録があり、東大寺・高野山・薬師寺などで行われた。

このように、六月灯はもともと仏事であるにかかわらず神社でも開催されてきたのは、明治の初めの廃仏毀釈で寺が廃され、仏事だけが神社に引き継がれたことによるものである。もっとも、寺院でもその後の再興とともに六月灯も復活し、今日の賑わいを見せている。

ところで、島津氏以前の鹿児島の地は上山氏《うえやま》が支配していた。南北朝時代のことである。上山寺《じょうざんじ》はその上山氏の菩提寺で「城山」の新照院寄りにあったといわれている。上山氏は島津家十八代の家久が鹿児島に居城を構えた時、桜島に移住した。残された上山寺新照院に家久の子・光久が観音堂を造立して多数の燈を献じ、一般人も寄進したり、参詣したりして賑やかだったことは、すでに述べた通りである。

かつての六月灯の夜には、現在ではセクハラで警察沙汰になること請け合いだが、シイツマン（尻摘み）といって参詣する女性のお尻を抓《つね》ることが許されていたので、若者たちは夜遅くまで境内や夜店周辺を徘徊《はいかい》するものだったということである。

ところで、この照國神社では六月灯の際、**茅《ち》の輪くぐり**も合わせて行われている。照國神社だけでなく、県内各地の神社でも、六月灯やそのほかの祭りの際に茅の輪くぐりを行うことが多い。

茅の輪くぐりは、鹿児島県だけでなく全国的に見られる行事であるが、それは基本的に六月三十日に行われる夏越《なごし》の大祓《おおはらえ》で使用され、正月から六月までの半年間の罪穢《つみけが》れを祓い、また残り半年間の無病息災を祈願して、茅《ちがや》で作った大きな輪をくぐるというものである。

この茅の輪くぐりは次のような伝説に由来するものといわれている。それは『備後国風土記』逸文（大半が散逸して一部分のみが残っている文章）の中に、以下のように記述されている。

第16図　茅の輪くぐり

「昔、北の国にいた武塔《むた》の神が、南の海にいる神の娘に求婚に行く途中で日が暮れた。その場所に蘇民将来と呼ばれる二人の兄弟がいたが、兄の蘇民将来は大変貧しい有様であった。弟の蘇民将来（『日本民俗大辞典』では巨旦《こたん》将来となっている：筆者注）は裕福で家と倉と合わせて百もあるほどであった。その弟の家で武塔の神は宿を借りようとしたが、物惜しみして弟は貸さなかった。一方、兄の蘇民将来は一夜の宿を貸してさしあげた。粟柄《あわがら》で編んだ円座に座っていただき、粟ごはん（粟は当時の主食。貧窮にもかかわらず最高のもてなしをした）でもって歓待申し上げた。

さて武塔の神が出立して何年も経過した後、八人の御子神を率いての帰り道で、『私は蘇民将来のために礼をしようと思う。お前の子や孫が汝の家にいるのか』と尋ねられた。兄の蘇民将来が答えて『私には娘と妻がおります』と申し上げた。そこで武塔の神は『茅で輪を作り、その茅の輪を腰の辺りにつけさせるとよい』といわれた。お言葉のままに着けさせたところ、その夜に蘇民の娘一人を除き（『日本民俗大辞典』では、「兄の一家の他は」となっている：筆者注）、他の全員を殺し滅してしまわれた。そうして『私は速須佐雄《はやすさのお》の神である。今後悪い流行病があったなら、お前達は蘇民将来の子孫だと言い茅の輪を腰に着けているとその人は流行病から免れるであろう』といわれた。」

ここから、「蘇民将来の子孫」と記した茅の輪を腰の上に着ければ、疫病にかからないというお呪《まじな》いとなり、六月晦日《みそか》の夏越の祓いにおける茅の輪くぐりの由来にもなっているのである。

このように茅の輪は、当初、個人が腰の上に着けるほどの小さなものであったが、江戸時代初期ごろからだんだん大きくなり、今では一、二メートルほどの輪で、前述のように夏越のお祓いなど、祭りのため神社や寺を訪れた人々が自由にくぐれるようになっている。（「南日本新聞」、『新薩藩年中行事』、『指宿市誌』、『末吉郷土史』、『鹿児島大百科事典』、『広辞苑』、『風土記』）

三、島津忠良（日新公）の遺徳を偲ぶ「士踊（稚児踊、二才踊）」

竹田神社（南さつま市加世田武田）

加世田中心街の南さつま市役所から、国道270号線を枕崎の方へ南下し、一キロメートルほど進むと右手に鳥居が見えてくる。その奥に竹田神社は鎮座する。

この神社は島津中興の祖、島津忠良（日新公《じっしん》）の神霊を祭っているが、昔は、薩州家島津国久が開基した保泉寺と称する寺院であった。しかし、永禄《えいろく》七（一五六四）年、日新菩薩すなわち忠良の影像を安置したので日新寺と改称され、更に明治二（一八六九）年十二月、神仏分離令によって竹田神社と改められた。

この神社では夏祭りの伝統行事として士踊《さむらいおどり》、水車カラクリなどが奉納されており、士踊は県の無形民俗文化財に、また、水車カラクリは有形民俗文化財に指定されている。

まず、士踊について。

士踊（稚児踊、二才踊）

≪士踊は戦国時代の武将島津忠良が出陣の前に、部下を集めて踊らせたのに始まると伝えられている。

この踊りは二才《にせ》踊と稚児《ちご》踊に分けられる。前者は地元の青壮年が主体となり、後者は加世田小学校四年生以上の児童によって毎年、新暦七月二十三日（昔は旧暦六月二十三日）の竹田神社大祭で踊られる。

踊りの日は二才組は加世田中学校で、稚児組は本町公民館で着付けをし、ほぼ同じ時刻に神社へ行列を組んで向かう。

二才踊は裃に帯刀《たいとう》、白足袋の先払い六名とそのあとにウタアゲ（歌上げ：筆者注）、つづいて踊り手が鳥居の下に並ぶ。稚児組のシメデコを合図に境内で円陣をつくり踊りが始まる。歌は古い謡の歌謡で難解なところが多く、踊り方も密集隊形で全員八列となり、ウタアゲに合わせて全員で歌いながら左右より入り交じって勇壮に踊る。

稚児組は二才踊を行っている間、鳥居のところに待機しているが、二才踊がすむと交代して境内に乗り込む。先導役の鎧武者のあと、短い八徳（陣羽織）をつけて白い小さな三角形のすね当てをした打切、太鼓をもった郷士《ごうし》、稚児の順で踊りというより静かに左へ丸く回るだけである。その後の歌の上句は稚児が、そのあとウタアゲが稚児の歌ったものを一人で歌い、続いて大人が全部でというように八番まで歌う。歌の終りには必ず太鼓を鳴らす。服装・楽ともに念仏踊りの特色がよく

出ている。〈振り仮名：筆者〉》

以上が、昭和三十六（一九六一）年十二月二十日に無形民俗文化財として指定された内容と理由である。

また、『加世田市誌』にも士踊について次のような記述がある。

「日新公の遺徳を偲ぶ加世田衆中は、公の英霊を慰めるため武士踊を演ずる。歌詞は日新公の創作にかかり、出陣の勢ぞろいの時の軍旅の士気を鼓舞するため、また敵の間者や細作（忍者）をしてその混入できないようにするためであった。

その踊りは二才踊と稚児踊の二つに分かれ、毎年七月二十三日の夏季大祭日に行なわれ、勇敢であった昔の士《さむらい》の風ぼうを想像することができる。二才踊も稚児踊も昔は士族に限られていたが、今では誰でも希望者は参加できるようになった。（中略）二才踊は昔は五〜六百人も参加、勇壮なものであったが、今は人数が少なくなり、将来への保存が危ぶまれている。

鹿児島城下の兵児たちは、日新公の遺徳を慕い、日新寺詣《まい》り・武士踊見学を毎年の大事な行事とした。旧暦六月二十二日の夜を徹して加世田に参拝見学、直ちに引き返して二十三日の大中公様（祭神：島津貴久公・松原神社）六月燈に一番駈《いちばんがけ》の功名を争ったものである。（中略）現代は昭和三十二〜三年ごろから自彊《じきよう》学舎や共研学舎などの若人らによって、四十キロ片道徒歩での参拝姿が見られるようになった。」

と記載されているが、現在は鹿児島から集団としての参拝は見られない。

このように、士踊はもともと日新公が、戦への出陣・勢揃いの折、士気を鼓舞するため仰せつけられたものであるが、戦国争乱の世のこと、合図の手拍子をもって忍びもの（敵の間者）を発見するための踊りともいわれている。

その後、忠良の長男で島津家第十五代の太守となった貴久が、ほぼ領内の兵乱を平定して、加世田へ初めて入部した際、加世田諸士は万之瀬川《まのせがわ》までお迎えし、一同お供して屋形へお着きになった。その時、日新公が凱旋のお祝いとして士踊を催された、とも史書には残っている。

この貴久が逝去した後、忌日の六月二十三日（今は七月二十三日）に祭祀として士踊をすることが定められ、以来、四百余年連綿として続いて現今に及んでいるという。

水車カラクリ

この士踊が行われる例大祭日の七月二十三日をはさんだ前後の日、すなわち二十二日から二十四日まで、水車カラクリが公開されている。


≪加世田の水車カラクリは、例年七月二十三日の竹田神社の六月灯（夏祭り）の日に士踊とともに公開されている。

このカラクリは、神社前の益山用水溝の上に舞台を組み、水車を利用して、ほぼ等身大の人形を回転させる仕組みである。舞台上で人形を回転させる力は、水力を水車と二個の歯車により水平回転に変えたものである。

また、舞台は二間四方の広さで、カラクリ人形によって芝居の一場面が毎年題材を変えて演じられている。この題材は、概して「馬上の源義経」、「加藤清正」、「那須与一」のような武者人形が多い。ここの益山用水溝ができたのは明和五（一七六八）年であるが、カラクリ人形がいつから始められたかは不明である。また、水車カラクリは、鹿児島県内に加世田と知覧の二カ所だけが伝えられている国内でも珍しいものであるが、加世田のカラクリは知覧のカラクリの原型とも考えられている。

昭和五十九（一九八四）年十二月二十日、知覧の水車カラクリと共に記録作成等の措置を講ずべき無形の民俗文化財（名称：「薩摩の水からくり」）として国により選択された。》

ということで昭和六十一（一九八六）年三月二十四日に県の有形民俗文化財に指定されている。この竹田神社の夏祭りは午前十時から神事が始まり、神事の間に神舞や薩摩琵琶の弾奏、さらに小学六年生六人による「浦安の舞」が奉納され、その後、午前十一時半から士踊となり、正午ごろ終了する。

これら伝統行事の前後に弓道、剣道、相撲大会や野太刀自現流、居合道、少林寺空手道などの奉納演武が行われ、多くの選手や関係者がその実力を競っている。

さらに当神社の周辺には、日新公に由来する多くの史跡や、昔の面影を今に伝える武家屋敷群があり、また、**「いにしえの道（イヌマキによる日本一の並木道）」**の散策も楽しめるなど見所の多い地域である。（「鹿児島県教育委員会ホームページ」、『加世田市誌』、『ふるさとのお社』）

四、夏の風物詩「おぎおんさあ」

八坂神社（鹿児島市清水町）

夏の風物詩「祇園祭」（おぎおんさあ）は、悪疫退散・商売繁盛を祈る祭りとして鹿児島市民はもとより、広く県民に親しまれている。鹿児島市八坂神社の場合は、毎年七月二十五日に近い土・日曜日に天文館周辺などで開かれている。

本祭は日曜日に行われるが、前日の土曜日は宵祭ということで、午後二時から山形屋ベルク広場での伝統芸能、大道芸パフォーマンスをはじめとして天文館商店街一帯から天文館公園にかけて諸種の演芸が披露されている。

翌日の本祭では、午前十時半に祇園之洲公園隣りの八坂神社から神輿が出発、街中《まちなか》を通って商工会議所前の分社に安置される。やがて午後二時半に「発幸祭」の神事があり、午後三時、いよいよ御神幸行列が動き出す。

ところで、ここで、祇園祭《ぎおんまつり》そのものについて簡単に見ておきたい。

そもそも祇園祭の始まりは、疫病や災厄をもたらす御霊《ごりよう》（注一）を鎮める京都の「祇園御霊会《ぎおんごりようえ》」に遡る。京都は山紫水明の都と讃えられるように、水の豊かなところであるが、都を流れる鴨川の水は、恵みをもたらし文化を育《はぐく》んできた反面、いったん大雨が降ろうものなら、川が氾濫し、都は水浸しとなって、それがもとでたびたび疫病が蔓延《まんえん》した。

当時の人々は、疫病蔓延の原因をもっぱら御霊の祟《たた》りだと考えた。そこで、朝廷や貴族は、その御霊を手厚く祀って慰め、彼らの怒りを鎮める祭り「御霊会」を盛んに行った。「京都祇園会」も、そうして始まったのである。

鹿児島市八坂神社の祇園祭は、もちろんこの京都祇園社（八坂神社）の祭りの流れをくむものである。

子供たちの神輿が行列の先頭に立つ。その後から一トン以上もあろうかという神輿を、褌《ふんどし》はだか姿の男たちが担ぐ。また女神輿も華を添える。神輿の数は十基を数える（男六基、女四基。ただし、年によって増減がある）。その前後に鉾・太刀・弓・傘・十二戴女《かんめ》などの行列が進む。

十二戴女（口絵16）は十二人の女性が、頭に、小幣をさした桶を乗せて行列をするのでこの呼称があり、女神の稲田姫が一人で十二人分の糸仕事をしたという故事による。桜島の女子（神女）が受け持ち、紅色の麻上着、白の麻下着をつけ、白足袋、赤緒の草履をはく。

行列の中には官女の乗った牛車があり、昔は牛が引いたものだが、今では白丁姿の人間が引いている。

さらに未就学児童の乗った子供の籠などには、親たちや知人が盛んにカメラを向けて、記録に残そうとしている和《なご》やかな光景が続く。

行列の途中、傘鉾立てなども披露されるが、強風が傘を煽《あお》り、倒されまいとして怺《こら》えるには、それなりの力と技量を要する。

行列は、車両通行止めになっている高見馬場から朝日通の間を、午後五時半ごろまで往復して市民の目を楽しませる夏の風物詩である。

ところで、八坂神社と名のつく神社は『ふるさとのお社』によると県内に二十三社あるが、その多くで祇園祭が行われている。

鹿児島市の八坂神社は藩政時代、鹿児島五社（注二）のうちの第二社に数えられていたが、創建年代は不詳である。古くは「祇園社」と呼ばれ、江戸時代有名な井原西鶴の「西鶴織留」の一節に、薩摩の当社を崇敬していた町人に商売繁盛の御利益があったと紹介されている。

この神社は昭和二十（一九四五）年七月の空襲で全焼し、その跡に仮宮を建て祭祀が行われていたが、昭和四十八（一九七三）年に平之町に遷座した。その後、平成元（一九八九）年四月、由緒ある祇園之洲に御本殿・拝殿・社務所が造営・完成し、現在に至っている。

また、隣の祇園之洲公園には、岩永三五郎の築いた西田・高麗・玉江の三橋が移設復元され、「**石橋公園**」として市民の憩いの場となっている。（『日本の祭り』、『鹿児島大百科事典』、『かごしま暦』）

（注一）不慮の災難で非業《ひごう》の死を遂げたり、生前の恨みを晴らせぬまま憤死するなどして祟りをなす死者の霊を御霊といい、それを鎮め祀ることで、その霊威にあやかるなど御霊をめぐる信仰を御霊信仰という。

この御霊は概して不幸な死に方をしたまま充分に慰霊・供養を施されていない死者の霊をさすが、それも単に怨霊《おんりよう》であるというだけでなく、社会的影響力を持つ権力者や指導者が憤死した場合に、その死が関係者の病気や死と結びつけられたり、地震・落雷・疫病などの災厄と関連づけられたりして語られたときに、怨霊は御霊視され、御霊信仰が形成されてくる。（『柳田国男全集』）

（注二）鹿児島五社とは島津氏が現在の鹿児島市上町地区に勧請したといわれる五つの神社のことで、上町にあるところから上町《かんまち》五社とも呼ばれる。その場所は鹿児島市中心街から見て北東のいわゆる鬼門の方向に集中的に立地していて、鬼門の災厄を防ぐために立てられたものと思われる。その五社は、第一社・南方神社（諏訪神社）、第二社・八坂神社、第三社・稲荷神社（鹿児島稲荷神社）、第四社・春日神社、第五社・若宮神社である。

五、農民と幕府密使との戦い、鹿児島市中山町の「虚無僧踊り」

白山比咩神社（鹿児島市中山町）

鹿児島市中山町《ちゆうざん》の中山小学校前の信号を、谷山方面に二百メートルほど過ぎたところの右手に白い鳥居が立っている。鳥居をくぐって、その先の階段を五十段ほど登ると竹林に囲まれた白山比咩《しらやまひめ》神社、通称白山《はくさん》神社が鎮座している。

この神社では、毎年七月下旬から八月上旬のある日、「虚無僧踊り」が奉納されている。「ある日」と奉納日が不定なのは、近年の高齢化に伴って後継者不足が争えず、保存会の中に小中学生が交じっているため、夏休みに入ってからの練習後に奉納ということからだそうである。

この踊りは昭和三十八（一九六三）年六月十七日、県の無形民俗文化財に指定されているが、その理由は、次の通りである。

≪この踊りは元来、白山神社の秋祭り（豊祭）（九月二十九日）に奉納されるものである。踊りの中心は中山地区の二才組（青年たち）で、踊り手は虚無僧と棒つかいに分かれている。虚無僧は扇子を持ち右腰に尺八、左腰に小太刀を差し、麦ワラ製の深編笠をかぶる。棒つかいはカスリの単衣に白鉢巻、白タスキ、ワラジばきで、樫の六尺棒を持っている。踊り方は、はじめ六尺棒の列が白装束の虚無僧を中にはさんで三列縦隊で出場、歌が始まると六尺棒で力いっぱい地を突いて行き、虚無僧は日の丸扇子を開き、頭上に振りつつ前進、皆で「アラソイソイ」とはやし、「サアサアサア」で停止する。虚無僧は六尺棒の間をくぐりながらそれを払い上げ、また叩き伏せる。踊りは「庭入り」ののち、一番から五番まで踊り、「引き庭」で終るが、気合のこもった迫力のある踊りである。

棒踊りの一種であるが、棒、小太刀、扇子と三種の持物を自由にあつかって、隊形や踊りにリズミカルな変化をもたせ、勇壮活発に踊るところなど、この種の踊りの中でも、特に洗練された芸能である。≫

と、この種の踊りの中でも、特に洗練された芸能であるところに目が向けられている。

なお、指定当時は奉納日が九月二十九日となっていたが、現在では前記したとおり夏休み後に変更されている。それにはまた、神社に奉納した後、日を置いて中山小学校で披露されたことも一因だという。

この踊りは尺八、三尺棒を持った虚無僧一人対六尺棒を持った農民二人が一組となり計五組で構成されているが、虚無僧は扇子、尺八、小太刀にと、踊りのたびに、つぎつぎと持ち物を換え、最後に左手に尺八、右手に小太刀を持って打ち合うという風に変化する。

この踊りは次に述べるように、虚無僧と農民の斬り合いが由来とあって、踊りというより「立ち回り」に近い感じで、テンポもだんだん速くなってくる。迫力ある演技だ。

踊りが虚無僧と農民の斬り合いに由来すると述べたが、それには諸説がある。

その一つは豊臣氏が徳川氏に滅ぼされ、主家の再興をはかるため薩摩に逃れてきた有水善右衛門重政（豊臣家家臣）という人が、農兵をおこそうとして、この地区の人々に教えたものという説。

今一つは、王政復古の気運が盛り上がった幕末の頃、幕府の命を受けた密使が虚無僧に扮してこの地にやってきた。その時、虚無僧が無礼な振る舞いをしたので、農民たちが腹を立て、持ち合わせていた天秤棒でこれを討ち果たしたことにより踊りが始まったとするもので、こちらの方が、内容的にみて相応しい説のように思われる。

倒されたのが虚無僧ではなく、逆に農民となっているものもある。

第17図　虚無僧と農民の斬り合い

徳川の時代になって、士農工商という身分制度が確立し、農民は食うや食わずの苦しい時代になった。武士に不満を持った農民たちは、何かあった時のためにと、有水善右衛門に習った六尺棒を使った棒術を武器に鍛錬に励んだ。

やがて、幕末になり不穏な空気を抑えるため幕府の密使が多く入り込んできた。ある時、中山近くの滝の下地区から伊作に抜ける旧伊作街道の赤土坂という所で、この密使と農民が出会い、かねての反感もあり、双方打ち合いになった。

虚無僧の密使は、初めは扇子であしらっていたが手に負えなくなり、次は尺八でさらに、小太刀を抜いて渡り合い、ついに農民は力尽きて虚無僧の刀に倒された。その時の農民の血が土に染みこみ、赤く染まった所がこの坂である、という言い伝えが残されている。

ところで、この神社の祭神は伊邪那岐尊《いざなきのみこと》(日本書紀では伊弉諾尊：以下イザナキノミコトと仮名書きにする)、伊邪那美尊《いざなみのみこと》(伊弉冉尊：以下イザナミノミコトと仮名書きにする)、菊理姫尊《くくりひめのみこと》の三柱であるが、このうちの菊理姫は『日本書紀』神代巻《かみよのまき》の一書《あるふみ》第十の中に一度だけしか出てこない、極めて珍しい神である。一度だけの神はこの神ばかりではないが、そのほかの神々と違って、かなり重要な役割を果たしている神である。

イザナミノミコトがイザナキノミコトとともに国産みをされ、最後に火の神・軻遇突智《かぐつち》をお産みになった時、火傷をして亡くなられた。亡くなられたイザナミノミコトは黄泉《よみ》の国へと去って行かれたが、後に残され、イザナミノミコトが恋しくて切なく悲しくなったイザナキノミコトは、その黄泉の国を訪れ一緒に帰ろうと迫られた。

黄泉の世界の食事をして、すっかり醜くなったイザナミノミコトは「私を見ないで下さい」と言ったにかかわらず、イザナキノミコトは覗《のぞ》き見をしてしまった。醜くなった姿を見られたイザナミノミコトは怒って、逃げるイザナキノミコトを追いかけ、黄泉の国の入口で、あの世とこの世を分ける黄泉平坂《よもつひらさか》までやってきた。そこでイザナキノミコトとイザナミノミコトが、相対しながらいろいろ受け答えをするが、そのとき、この菊理姫が間に入って助言をし、イザナキノミコトは無事逃げ帰ることができた。どんな言葉を発したかは書かれてないが、ククリという名から、両神を妥協させるようなくくりの言葉ではなかったか、ということだ。

ところで、これとは別にまた次のような伝えも残っている。菊理姫は、またの名を白山比咩（またはハクサンヒメ）ともいわれているが、そのシラヤマヒメは片目の不遇な身であった。だから、この中山地区の人が自分のような不遇に悲しむことがないようにとお守りになり、そのお蔭で、この土地では片目の子供や目の悪い子供は生まれない、というのがそれである。

ともあれ、こうしたいろいろな伝えを思い浮かべながら、この神社にお参りすると、何かまた違ったものが感じられるのではなかろうか。（「鹿児島県教育委員会ホームページ」、『ふるさとのお社』、「鹿児島中山町の虚無僧踊り」、「三宅美術館」、『日本書紀』）

六、勇壮華麗な「太鼓踊り」いろいろ

春日神社（姶良市加治木町木田）
南方神社（日置市吹上町湯之浦）
ほか、七カ所

太鼓踊り

太鼓踊りは薩摩独特のものではなく、これを専門的に研究している小野重朗、下野敏見両氏等の研究によると一種の念仏踊りといわれている。すなわち、鉦や太鼓を打ち鳴らし、身体を激しく跳躍させることによって生ずる精神の興奮を宗教的興奮に高めていく芸能であるというのである。太鼓踊りはこの念仏踊りの昇華によって生まれたものであって、初秋期の稲の生長を妨げる災厄を退散させようとする呪儀として採用され、秋の神社の祭り等で踊られるようになったという。

本県では加治木の太鼓踊りのように、県の無形文化財として指定されているもののほか、各地にこの太鼓踊りが見られるのは、古来薩摩独特の尚武の気性を現す踊りでもあるからであろう。わが薩摩では島津義弘の朝鮮の役《えき》に因んだ踊りであるといわれている。牧山望著『祁答院藺牟田郷誌』には市来家隆氏の研究を借用して次のように述べてある。

「慶長二（一五九七）年、豊臣秀吉の朝鮮征伐に際し、藩主島津義弘は武将を率いて渡海し、同三年泗川《しせん》の戦に敵の援軍の明の大軍を打ち破り、大功をあげ、薩摩隼人の勇名を天下に轟かせ、めでたく凱旋した。同年八月、秀吉は伏見城において死亡し、同五年関ヶ原の合戦を契機に天下の権は徳川家康の手に帰した。そうして全国の諸大名は、家康のもとに伺候するようになった。当時、江戸では疫病（コレラ）が蔓延《まんえん》し、市民は念仏踊りを骨組みとした踊りを創始して神に祈願したところ、不思議にも猛威を振るった悪疫も下火となり間もなく終息するに至った。」

とある。

この偉大な霊力に驚いた島津義弘は、この踊りをわが薩摩藩にもひろめ、あわせて朝鮮の役凱旋記念として士気を鼓舞しようと考え、姶良町山田の池田千兵衛尉と加治木町岩ノ原の牧瀬某を江戸に派遣した。二人は踊りの仕組みを書き写し、鉦の叩き方、太鼓の打ち方などを練習して帰国し、山田の若者たちに踊らせた。これが薩摩における太鼓踊りの起源である。太鼓踊りに山田楽というのがあるのは、こうした由来によるものであるという。その後加治木の西別府《にしべっぷ》・反土《たんど》・表木山《ひようきやま》・小山田《こやまだ》等にひろまり、漸次藩内一円にひろまったといわれている。（『祁答院町史』）

このように太鼓踊りは、現在でも県内神社のあちこちで踊られており、その数は余りにも多い。従ってそのすべてをこの書で取り上げることは困難である。そこで、その中から県の無形民俗文化財に指定されているものについてのみ記述するが、それさえも九社で十種目を数える多さである。

春日神社（姶良市加治木町木田）

盆の明けた八月十六日、加治木町で「**加治木太鼓踊り**」が催される。まず、ＪＲ加治木駅前の道路を隼人方面に五百メートルほど進み、突き当たりを左折すると、踏切を渡った前方に精矛《くわしほこ》神社が見えてくる。精矛神社という一風変わった名前は、祭神である島津家第十七代太守義弘の諡《おくりな》（死後に尊んでつけた称号）「精矛厳健雄命《くわしほこいづたけおのみこと》」からきている。

この神社では午前八時の打ち上げ花火を合図に、反土《たんど》地区と小山田《こやまだ》地区それぞれの太鼓踊りが始まる。

それを横目に見ながら、次に春日神社へと移動する。九州自動車道加治木ジャンクション近くの加治木中学校横を過ぎ、橋を渡った先が春日神社である。歩けば二十分ほどかかる。

この神社では午前八時三十分から西別府《にしべっぷ》と木田《きだ》両地区それぞれの太鼓踊りが奉納される。この中でも西別府のものは太鼓踊りに付随して踊られる吉左右《きそおど》踊りとともに昭和三十六（一九六一）年八月十六日、県の無形民俗文化財に指定されている。

《加治木町に伝わる太鼓踊は、その由来が古いことで知られている。特に西別府地区の太鼓踊には吉左右踊が付随している点に特色がある。

踊りは、もとは旧暦の七月十六日、十七日に行われていたが、現在は新暦の八月十六日に踊られる。太鼓踊は毎年踊られるが、吉左右踊は隔年に踊られる習わしであった。

吉左右踊は、ドラ打ちという道化役二人（赤狐・白狐という）と数人以上の踊り手二組で構成される。白絣の着物を着て頭に毛頭をかぶり、薙刀を持った朝鮮軍と、黒絣の着物を着て白鉢巻を結び太刀を持った薩摩軍とが、互いに向い合って斬り結ぶ間を、赤狐・白狐がひょうきんな身振りで踊りまわる（口絵17）。狐は、島津義弘が朝鮮での戦いで道に迷った時、二匹の狐が道案内をしてくれたという伝説にもとづくものとされる。このような伝承がついてはいるものの、吉左右踊は元来は棒踊りの変形したものとして理解される。

太鼓踊は、陣笠をつけた兵士姿の者が背に黒い鶏の羽根のついた矢旗を負い、胸には締太鼓をさげ、左右に足をあげながら太鼓を打ち、勇壮に踊る。

昭和五十一（一九七六）年十二月二十五日、記録作成等の措置を講ずべき無形の民俗文化財に国により選択された。≫

このように、加治木町に伝わる太鼓踊は、その由来が古く、特に西別府地区の太鼓踊には吉左右踊が付随している点に特色がある、というのが指定の理由である。

この両神社で別々に踊られた太鼓踊りは、街中をまわりながら、藩政時代の中心地「仮屋馬場通り」に集合し、午前十時から群衆の見守る中、再びその芸能を披露する。踊りの順序は年によって違うそうであるが、中でも吉左右踊りは目を引く。二人の銅鑼《どら》打ちはシュロの皮で作ったかつらをつけ、一人は白装束で顔は白と紅、もう一人は赤い着物で顔を紅と黒に塗り分け、それぞれ縄のたすきを掛けている。豊臣秀吉の朝鮮出兵で出陣した島津の軍勢が、山で道に迷っている時現れて道案内をした二匹の紅白のキツネを表現したのが銅鑼打ちだという。

吉左右踊りは、朝鮮軍と薩摩軍に分かれている。白い絣の着物に、お椀形の帽子に白馬のたてがみを付けた毛頭をかぶり、口ひげを付け薙刀《なぎなた》を持った朝鮮軍、黒の絣の着物に白鉢巻き、黄や銀色の紙を貼った刀を腰に差し、口ひげを付けたのが薩摩軍で、朝鮮軍は大柄な大人が、また薩摩軍は小柄で主に小中学生がこれに扮し、両軍それぞれ八人ずつである。

なぎなたと刀で斬り合う形は棒踊りに似ており、その時二人の銅鑼打ちがひょうきんな仕草で見物人を笑わせる。また、この踊りは戦闘的なようであるが、歌われる歌詞には平和を願う意味が込められているそうである。

昔は雨乞《あまご》いの時も踊ったといわれ、盆明けに行われるのは、悪霊《あくりょう》や御霊《みたま》を、勇壮で華やかな踊りで送り出そうとする意味があるそうだ。

これらの踊りは午後二時から端山通り、かもだ想い通りで、さらに午後三時からは**菅原神社**でも披露される。（『かごしま四季を歩く（春・夏編）』、「鹿児島県教育委員会ホームページ」）

南方神社（日置市吹上町湯之浦）

日置市吹上町の中心の町並みから県道22号線（谷山伊作線）を鹿児島市谷山方面に進み、湯之元に向かう三差路を直進せず、ほぼ直角に左折する。それより約百メートル進んだ「ふもと」バス停から右手の小さな坂を上り、さらにすぐ近くで左に曲がる道に移る。

坂を上がった所に一之鳥居があり、阿吽《あうん》の仁王像が二体、鳥居の柱に寄り添うように立っている。神仏混淆《こんこう》時代の名残である。その先は畑が広がる平坦地で、広く真っ直ぐな参道が続き、その先に木々がこんもり茂る神社が見える。これが南方《みなみかた》神社である。

ところで、この南方神社というお社《やしろ》は、県内の宗教法人化されている神社のことをまとめた『ふるさとのお社』によると、県内には七十社存在している。同じ祭神を祭る諏訪神社（南方神社も明治以前まではこう呼ばれていた）の三十八社を加えると、その数は優に百社を超え、県内神社の最多数を占める。

日置市吹上町湯之浦に鎮座する当社は、伊作島津家初代のころ、諏訪大明神として野首口に祭られていたが、島津家第十五代当主貴久の時、元亨《げんこう》四（一三二四）年の下地中分（139〜140ページ参照）によって現在の小牧山に遷されたという。

さて、この神社では八月二十八日の例大祭日に伊作太鼓踊が奉納されているが、これも昭和四十一（一九六六）年三月三十一日、県の無形民俗文化財に指定されている。

≪この太鼓踊は、島津忠良が加世田別府城を攻略したとき以来、かねて祈願の諏訪神社（今の南方神社）に奉納するようになったといわれ、現在は毎年八月二十八日の南方神社の例祭に踊られている。

踊り手は中踊り、平踊り、歌うたいからなる。中踊りは四人の少年が、二人は稚児の姿で、他の二人は女装をし、造花で飾った花笠をかぶり紅色のタスキをかける。稚児の二人は鉦を持ち、女装の二人は小太鼓を持つ。平踊りはトウウッパ（唐団扇）という竹ヘギを六目透しに編んで軍配の形にした大きな矢旗を背負い、白装束で薙刀にホロ（薩摩鶏の尻尾）をつけて背負い、胸に太鼓をつける（口絵18）。

境内での庭踊りは隊形が縦隊から円陣型、さらに縦隊へと変化する。

中踊りが華やかな姿で様々に変化しつつ優美に踊り、それをとり囲むようにして平踊りがトウウッパを大きく振りながら勇壮に踊る姿は、洗練された民俗芸能の美しさを見せている。≫

また、星原昌一著『かごしま四季を歩く（春・夏編）』の中でも次のように描写されており、さらにこの踊りの詳細を知ることができる。

「腹の底まで響く太鼓の音、ゆっさゆっさと揺れる軍配形の大きな矢旗。たくましさに溢れる伊作太鼓踊りは八月二十八日、日置市吹上町小牧にある南方神社（諏訪大明神）である。中之里、湯之元、和田、入来、田尻、花熟里《けじゆくり》の六集落が毎年交替で踊っている。

背中に背負う軍配形の矢旗は高さ一・五メートルほど。付け根につけた鶏の羽で作ったホロを入れると二メートルになる。ずしんとする重さだ。以前はまだ大きかったが、踊るとき電線などに引っかかるため短くなった。白装束に身を固め、腰に長さ約五十センチの太刀を差す。

ホロのついた矢旗は踊り子を逞しくし、踊りを勇ましく見せる。作るとしたら約三千本の羽が要る。それも黒の地鶏の尾羽が必要だ。ブロイラーの時代、薩摩鶏の黒い羽を三千本も揃えられるものではない。このホロをいつまで保存できるか心配だという。

境内の周囲では見物人が陣取り、踊りが来るのを待っている。〝チン、カン、グワン、グワン〟。やがて畑の中の参道を、矢旗を大きく揺らしながら、縦列隊を組んだ踊りの列が勇ましく進んでくる。そして、緑に囲まれた広場を所狭しと跳ね回る。矢旗が木々の葉を震わせるように、縦に横に揺れる。勇ましい踊りの輪の中で、鉦や小太鼓を持って踊る少年たちが愛らしい。

〝入り〟から始まり、一つ太鼓、高橋どん、花入り太鼓と続き、引き庭の後、参道を帰っていく。濃い緑の中を右に左に、地を這うように揺れる矢旗。戦場を駈けた武士たちを彷彿《ほうふつ》させる踊りである。（振り仮名：筆者）」

当日は午前九時から本殿で例大祭の神事が始まる。それが済んだ九時半、境内に入ってきた踊り隊のための簡単な神事が宮司によってなされ、いよいよ踊りの奉納となる。

前記のように勇壮な踊りが続き、矢旗を背負い太鼓をたたく平打二十四人（平成二十六年度）はたちまち汗だくとなる。踊りの途中で小休止があり、水分補給や流れる汗をふき、親戚や知人たち数人が周りを取り囲んで、体温を低下させようと盛んに団扇《うちわ》で扇《あお》ぐ。大変だろうなと、つくづく思わされる。きっと神様も満足されたことだろう。〝ご加護疑いなし〟というところだ。

約四十分ほどで踊りが済み、一行は去って行く。その後、町内各地で披露され午後五時ごろまで続くという。また、翌日は同町中原の大汝牟遅《おおなむち》神社でも午前八時半から奉納。その後、前日同様吹上の神社や公民館などをめぐって披露され、その数二日間で約三十カ所に及ぶとのことである。(『かごしま四季を歩く(春・夏編)』、「鹿児島県教育委員会ホームページ」、『ふるさとのお社』、「南日本新聞」)

徳重神社(日置市伊集院町徳重)

(二)大田太鼓踊り

後に記述する「妙円寺詣り」(238ページ)のところでも触れるが、その際、徳重神社に奉納されている伝統行事の一つに、この大田太鼓踊がある。

≪戦国時代に島津義久から大田報恩寺の住職雪岑に、農民たちの慰安になる何かよい踊りはないかと相談があり、雪岑の考案によって生まれたのが、この太鼓踊りであると伝えられている。しかし、これは単に娯楽のためばかりではなく、雨乞いや虫送りのために踊られていたものである。

以前は、旧暦六月十二日、神明神社の遷座祭のときに奉納され、最近までは新暦八月七日の月遅れの七夕祭りの日に演じられていたが、現在は新暦十月第四日曜日の妙円寺詣りの日に神明神社に奉納のあと、徳重神社に奉納される。踊り手は、太鼓打ち十五名、入れ太鼓打ち(小学四、五年生)二名、鉦打ち八名となっている。太鼓打ちはシュロ皮と色紙で飾った毛笠状のカブトをかぶり、長い細竹で作った矢旗を背負う。入れ太鼓打ちは浴衣を着て花笠をかぶる。鉦打ちは陣羽織・陣笠をつける。この踊りは城攻めのようすをかたどったものといわれ、「道行き」から始まって最後の「総舞攻」まで十五段階に分かれ、進退のあざやかさに特徴がある。》

県は無形民俗文化財に指定した理由をこのように述べている。

神明神社はＪＲ伊集院駅から県道24号線（鹿児島東市来線＝薩摩街道）を陶芸の郷・美山方面に行く途中の大田鉱泉の近くに鎮座している。（「鹿児島県教育委員会ホームページ」）

(二) 伊集院町徳重大バラ太鼓踊り

前記の大田太鼓踊りとともに伊集院町徳重大バラ太鼓踊りも同様に奉納されている。

《この太鼓踊りは、南九州に残る数多い太鼓踊りの中で、風流化の傾向を顕著に現す特色ある太鼓踊りである。

第18図　重そうな大太鼓

本県で伝承されている太鼓踊りの中では、もっとも大きい径の太鼓を使用し、その直径は約一・四五メートル(四尺八寸)あり、一つの太鼓に張る牛皮は牛二頭分を要するといわれている。なお、幟は約二十メートルと極めて大掛かりなものである。

芸態は、「道行き」、「門掛り」、「庭入り」、「まくり」、「本庭」、「引き鉦」、「後庭」、「門出」の八つの型で構成される。まくりというのは、北薩一帯に多い渦巻隊形に似ているが、ここではマクイすなわち回転を意味し、入れ鼓・鉦が密集したまわりを大太鼓が逆まわりに走っていき、大太鼓もろともに次々に倒れてしまうというもので、ユーモラスで豪快である。

毎年、十月第四日曜日の妙円寺詣りの日、島津義弘の追悼の意味で徳重神社（妙円寺）に奉納公開されている。≫

と、県は無形民俗文化財に指定した理由を風流《ふりゅう》（「みやびやかな」の意から出たもので、趣向を凝らした作り物や仮装を伴う）化の著しいことにあるとしている。

県内伝承の太鼓踊りの中で最も大きい太鼓を使用するのは、祭神の島津義弘が慶長《けいちょう》の役《えき》（一五九八年）の時、泗川新塞城《しせんしんさいじょう》で明軍二十万を討って快勝したが、敵を驚かすために大きな音を出すこのような大太鼓を作らせたからだという。

薩摩に凱旋した義弘は、地元の徳重《とくしげ》の人々にだけ、この大太鼓を叩くことを許し、ほかの地区には禁止したとも伝えられている。

なお、この妙円寺詣りの時、大田太鼓踊り、伊集院町徳重大バラ太鼓踊りのほかにも、前記の伊作太鼓踊りが吹上地区から参加し奉納されている。(『ふるさとのお社』、「鹿児島県教育委員会ホームページ」)

天御中主神社(南さつま市加世田津貫)

南さつま市加世田の中心街から国道270号線を枕崎方面へ進んで行くと、津貫小学校を過ぎた一キロメートルほど先の右上の高台に天御中主《あめのみなかぬし》神社が見えてくる。

この天御中主神社の創建年代は不詳であるが、太古より津貫の地に、天地始発の大神である天御中主命を祭祀したと言い伝えられている。そしてまた、この天御中主命は五穀豊穣をもたらす神として津貫住民の崇敬を集め、村に青年が三人いる限りはこの神社を守らねばならぬと言い伝えられ、住民たちは古い時代(古老の話では鎌倉時代)からこの神社に毎年旧暦九月二十七日に供物を捧げ、神舞や種々の踊りを奉納する誓いを立てたという。今は新暦の十月二十七日に「津貫豊祭《ほぜ》祭り」が行われ、境内で神に感謝の太鼓踊りが捧げられている。

「豊祭祭り」は午前十時から神事が始まり、これは十五分ほどで終わる。その後太鼓踊りと続くが、上門《うえかど》、干河《ひご》、中間《なかま》の三地区が順番に踊りを奉納する(ただし、年によって踊る順序は異なる)。踊りの様式は地区によっていくぶん違っているが、おおよそ似通ったもので、中でも津貫中間のものは、「**津貫豊祭太鼓踊**」として県の無形民俗文化財に指定されている。

その指定理由は、

≪津貫の太鼓踊りは他の地方で踊られているものとはちがっていて古い時代からの豊祭を祝ってのものと思われる。津貫中間地区にある天御中主神社の祭神は、五穀豊穣をもたらす神として住民の尊敬を集め、毎年旧暦九月二十七日（今では新暦十月二十七日）のホゼ（豊祭：語源は放生会の日に太鼓踊りをはじめ、諸芸能が奉納されていた。

古老によると、この踊りは源頼朝の鎌倉幕府開設を祝って踊られたともいわれ、豊作感謝の踊りで、凶作の年には踊らないという。

踊り手は総員二十名で、太鼓打ちの青年（ヒラ）十六名、中打ちの少年（カネと小太鼓）、歌あげの老人数名が、それぞれ男神・女神・老神をあらわす。大太鼓の青年たちは、白装束に白いはちまき（昔は植物のカズラであったという）をし、孔雀や山鳥の羽根や造花で飾った矢旗を背負う。また中打ちの少年たちは女物の衣裳をつけ造花の花かんむりをする。

歌あげの老人たちは、紋付の羽織を着て細長い白いシベを下げた菅笠をかぶって歌に合わせ、青年の踊り手が円陣をつくり、太鼓やカネの連打で勇壮にリズミカルに踊る。≫

ということである。

ところで、この文中に太鼓踊りのほか「諸芸能が奉納されていた」とあるが、今はそのとおり諸芸能の奉納は見られず、太鼓踊りだけである。

三地区の太鼓踊りは午前十一時四十分ごろに終わる。その後、昼食を挟んで、踊り連は夕方まで各集落を回り、踊りを披露するという。（『ふるさとのお社』、「南日本新聞」、「鹿児島県教育委員会ホームページ」）

竹屋神社（南さつま市川辺町中山田）

南九州市川辺町の中心街から国道２２５号線を枕崎方面に向かう途中、田ノ畑バス停近く、大谷川のほとりに当神社は鎮座している。

この神社では十月十九日の例祭日に、県指定の無形民俗文化財である太鼓踊り（方祭踊り《ほぜおどい》）が奉納されている。


≪古くから竹屋神社の例祭（十月十九日）に奉納されていた踊りである。現在は四年に一度奉納されている。伝承によると、島津義弘の文禄・慶長の役出陣の送迎に踊られたもので、出陣と凱旋の踊りがあって、この上山田のものは出陣の時の踊りであるとされている。

踊り子は、ワラ振り、中入り、ワッコの三者からなる。ワラ振りは師匠格の者がなり、浴衣にスゲ笠をつけ、ワラシベを持ち、先頭に立って先導役をつとめる。中入りは小二才が女装をして花笠をかぶり、鉦を持つ。カシタガネ（頭鉦）は踊りの指揮者となる。ワッコは浴衣姿で鉢巻をし、太鼓を胸にさげたニセ（青年）たちの役である。

踊りは、まず「カンカンコン」という踊り、次に中入りだけの踊りが順次出て六番まで踊り、そのあと「タニヤマカラサッ」という踊り十二番があって終る。中入りの踊りは優雅で、全体的に節度のあるよい踊りである。この踊りの特色はあでやかな姿で優雅に踊る中入りと、はれやかに活発に踊るワラ振り、ワッコの踊りの対比の妙にある。ワラ振りは新しいワラで作ったワラシベを持ち幣帛などは持たない。》

と、その指定理由をあげている。もっとも、奉納が四年に一度となっているのは次のような事情からである。それはこの神社では毎年市内の四地区が順番に棒踊りを奉納しているが、その中で県の無形民俗文化財に指定されているのは「上山田」のもので、従って順番が回ってくるのは四年ごとだからである。次は平成二十八（二〇一六）年に行われる予定である。

それはさておき、この神社には次のような伝えも残されている。

皇都を立てるにふさわしい国を求めて吾田《あた》の地にお出で遊ばされた瓊瓊杵尊《ににぎのみこと》は、大山祇神《おおやまつみのかみ》の娘、木花咲耶姫《このはなさくやひめ》と結婚され、火闌降命《ほすそりのみこと》、火明命《ほあかりのみこと》、火遠理命《ほおりのみこと》（のちの彦火火出見命《ひこほほでみのみこと》）をお産みになった。この時、竹から作った小さな刀で御子たちのヘソの緒を切られたが、その竹の小刀を捨てられた場所から、竹が生え竹林となった。そこで、御子の降誕された地を竹屋と称するようになりそこに建てられた神社も竹屋神社になったということである。

もっとも、この竹屋神社はもともとは加世田と川辺の境をなす竹屋ケ尾山頂にあり、いつの頃か宮ケ池の畔《ほとり》に遷座し、王子大明神と称していたが、明治四十二（一九〇九）年に鎮守、牛本、早馬の三社を合祀し竹屋神社として現在に至っている。（『鹿児島県教育委員会ホームページ』、『ふるさとのお社』、『加世田市誌』、『鹿児島ふるさとの神社伝説』）

熊野神社（鹿児島郡三島村大字硫黄島）

鹿児島港から三島村の村営船「みしま」に乗船し、錦江湾を出て東シナ海へと進んで行くと、大海原が目の前に広がってくる。波静かな錦江湾と違い、船は時には大きく、また時には小刻みに揺れ始め、運がよければ、スクリュー音に驚いたトビウオが、船のすぐ近くで羽を広げて飛ぶ姿を見ることもでき、船旅を楽しませてくれる。

船は三時間四十分ほどで硫黄島に着き、目指す熊野《くまの》神社は港のすぐ近くにある。この島は平家伝説の色濃く残る島で、その一つが当神社の主祭神である。普通、熊野神社といえば熊野速玉神《はやたまのかみ》ほかの神々を祀るものだが、ここの熊野神社は安徳天皇を主祭神としている。それは次のような理由からである。

この神社のもともとは、治承《じしょう》二（一一七八）年二月、前年の鹿ケ谷《ししがたに》事件で、この島に流されてきた藤原成経《ふじわらのなりつね》、平康頼《たいらのやすより》、僧俊寛《しゅんかん》らが社《やしろ》を建てて熊野の神々を祀り、一刻も早い都への赦免を祈願した神社であった。

それが功を奏したのか、同年九月、藤原成経、平康頼の二人は赦《ゆる》されて都へ帰ることができた。しかし、俊寛だけは赦されず、この島で非業の最期を遂げた。取り残された俊寛が、足摺りをして悲しんだというその跡も、この島では見ることができる。

彼らがいなくなってから数年後の文治元《ぶんじ》（一一八五）年、壇ノ浦の戦いで敗れ、落ち延びてきた安徳天皇たちが、俊寛たちの住んだ所に大宮を造営してお入りになり、自らこの神社の祭祀を執行されるようになった。その後、寛元《かんげん》元（一二四三）年五月五日の夜、天皇がこの大宮で崩御されたので、以後、安徳天皇を主祭神としてお祀りするようになったと伝えられている。

こうした、平家伝説の残る熊野神社に旧暦の八月一日と二日、五穀豊穣、豊漁、健康、家内安全を祈りながら感謝を込めて、男衆が伝統の八朔踊りを奉納している。盆踊り、九月踊りとともに島の三大芸能の一つに数えられているものである。

この八朔踊りは太鼓踊りの一種として、県は無形民俗文化財に指定している。

《この踊りは、十四歳以上の男性のみで勇壮に踊られ、「マンボウタタキ」、「ナエコミ」、「カタッポタタキ」の三種類からなっている。

鉦打ち手と、背中に高い矢旗を背負い、胸高に太鼓を抱いている踊り手により構成され、歌詞は十二番まである。

太鼓踊りの途中でメンドンが出現し、踊りの中に入ったり、見物人を追いかけたりして悪魔はらいをする。

メンは、竹籠に竹ひごを添えて形をつくり、紙をはり、黒く塗って赤で模様をつくる。十四歳の子どもが硫黄権現に奉納したものである。格子文様と渦巻き文様に特徴がある。

毎年、旧暦八月一日及び二日の夕方、庄屋跡や硫黄権現（熊野神社）等で踊られる。最後は総出で海岸に出て、「タタキダシ」をして、島中の悪霊を叩き出す。踊り手の背負う矢旗には色とりどりの三角布片が何枚もつけられている。これも悪魔はらいの趣旨である。》

と、踊りの途中で異様な面をかぶったメンドンが出てきて、悪魔はらいをするところなどに特徴があるとしている。

メンドン衆は特に若い女性を狙って暴れ回り、見つけ次第抱きついて押し倒し、神社の中へさらって行くこともあるそうだから用心が肝要だ、とのことである。

ともあれ、この八朔踊りでは、勇壮な踊りとメンや衣装の奇抜さ、矢旗の揺れの美しさなど、島の人々の熱気があふれ、見応えのある踊りが繰り広げられている。（「鹿児島県教育委員会ホームページ」、「三島村の八朔踊り」、『鹿児島ふるさとの神社伝説』）

風本《かざもと》神社（西之表市現和下御山）
ここで奉納される太鼓踊りは「種子島大踊」と称される。

『西之表市百年史』では「太鼓踊りのことを大踊りという。大踊りに対し中規模（二十～三十人）の踊りを中踊り、小規模（十数人前後）の踊りを小踊りという。大踊りには太鼓を両肩から懸けた白布で胸につるして両バチで打つのを懸け打ち太鼓といい、主に百姓踊りの系統である。これに対し大踊りでありながら太鼓を左手に持ち、バチを右手に持って打つのを片バーといい、武士踊り系統である。大踊りは数十人で踊る。」と記述されている。

この太鼓踊りは「**西之表市現和の種子島大踊**」として昭和四十三（一九六八）年三月二十九日、県の無形民俗文化財に指定されている。

《「掛け打ち太鼓」ともいわれ、いくつもの踊りから構成されている。大人数で踊るので「大踊」ともいい、鎌倉から伝わったとか、室町時代、関西と関係の深かった種子島に上方から直接伝わったとかいわれている。

この系統の踊りは種子島全域に伝承されており、普通三、四種類の踊りで構成されている。武部集落の場合は八種類からなり、踊り内容もすぐれている。

大踊は、一つの踊りが「出端」、「本踊」、「崩し」、「引端」の四つからなる。踊り方は「出端」ははれやかに、「本踊」は荘重に、「崩し」は軽快に、「引端」は優雅に踊る。秋の願成就祭りに神前で奉納されるので男子だけで踊る。歌詞は「堺北之町」や「佐渡と越後」、「武蔵野」、「月日かけ」など、近世初期の歌が中心で、哀調を帯びたすぐれた歌である。

昭和四十九（一九七四）年十二月十四日、「現和の種子島大踊」として、記録作成等の措置を講ずべき無形の民俗文化財として国により選択された。》

というように「掛け打ち太鼓」とも称する太鼓踊りの一種であるが、いくつもの踊りから構成されるので大踊りと呼ばれている。

指定の理由として、種子島全体としては通常三、四種類で構成されているのに、この風本神社では八種類も残っているのは珍しく、優雅にして勇壮な太鼓踊りで、内容的にもすぐれているところに特徴があるとしている。

当神社は文久三（一八六三）年五月、氏子の村民たちが、大和国（今の奈良県）立野に鎮座している竜田宮の御分霊を勧請《かんじょう》し、海上安全を祈願するために風本神社として社殿を造営したのが始まりという。神威尊厳を表し、全島民の守護神として今日に及んでいる。昔は特に琉球航海の守り神として尊崇された、とのことである。

踊りは十月二十八日の秋祭（願成就）の時に奉納されている。

この神社へは、西之表市役所から県道75号線（西之表南種子線）を安納芋で有名な安納方面へ進路を取り、安納を過ぎて右折、太平洋沿いに南下して行く。すると、やがて田之脇公民館の先の右手にこの神社が見えてくる。前は田ノ脇湾である。（『西之表市百年史』、「鹿児島県教育委員会ホームページ」、『ふるさとのお社』）

深川神社（西之表市住吉）

太鼓踊りの中にも一風変わったものがある。次に述べる「**西之表市の面踊**」がそれである。

この踊りも昭和四十六（一九七一）年五月三十一日、県の無形民俗文化財に指定されているが、その指定理由は以下の通りである。

《種子島には古くから「面かぶり」の踊りがあったが、江戸時代の中ごろ伝来してきた、「ひょうたん踊」（腰にひょうたんをぶらさげて踊る踊り）と太鼓踊りが一つになって独特の「面踊」ができたと伝えられている。

踊り手は、自分のかぶる面と似あう野良着で腰にひょうたんを下げたものが二十人、ハットクとモモヒキを着た道化役の猿二人、入れ鼓四人、鉦四人、太鼓七人からなる。踊りはこっけいさのなかにもどこか哀調を帯びている。

この系統の太鼓踊りは島内各地に見られるが、面をかぶった踊り手が登場するのは、ここだけである。面は自家製のもので、泥で型を作り、その上に紙を二十枚位貼って充分乾かしてから、泥型をこわして落とし、墨や絵の具でクマドリして仕上げる。

歌詞は、江戸初期のものであるが、室町期の芸能の影響をうけていると考えられている。》

「ひょうたん踊」と太鼓踊りが一体となり、さらに面をかぶって踊るところに特徴があるとしている。

花笠をかぶり、太鼓と鉦や鼓などの鳴り物で演奏する着物姿の男衆が、広場の中ほどに位置取り、その周りを手ぬぐいに野良着姿の踊り手と道化役の猿が弧を描いて取り囲む。そして、「サー、サー」という掛け声をかけながら時計と反対の左回りに踊っていくのだが（ただし、三つの輪の中間にいる太鼓は時計回り、円の中心部の鉦、鼓は小刻みな移動）、その周囲で四つんばいになった猿が、いろいろコミカルな演技をして人々の笑いを誘う。

この面踊りは、もともと長男だけだったが、近年は後継者不足で次男や三男、また女性も踊るようになったとのことである。

深川神社へは、西之表市街地から国道58号線を中種子に向かって進むと住吉小学校を過ぎて深川地区に至る。国道沿いに鳥居があり、そこが当社で極めて分かりやすい所にある。踊りは毎年十月二十四日に当神社および深川公民館で披露されている。（「鹿児島県教育委員会ホームページ」、「種子島の郷土芸能・めん踊り」、「南日本新聞」）

野間神社（熊毛郡中種子町野間）
中種子町役場から東南東へ約二百メートルのところに西光寺があり、それに隣接して野間神社が鎮座しており、願成就祭の日に源太郎《げんだら》踊りといわれる太鼓踊りが奉納されている。
願成就祭とは、春に氏神に一年の豊作の願を立て、秋にその成就を祝う収穫感謝祭のことで、旧暦九月ごろに行われている。種子島各地では、まず大字《おおあざ》（近世の村）ごとに祀ってある氏神で行われ、ついで各小字《こあざ》ごとの氏神、一家ごとの一族氏神での祭りが続いて行われる。村氏神の祭りには各集落から踊りが奉納されるため、各集落はたくさんの芸能を保持している、ということである。

こうした各集落の願成就踊りの中でも、中種子町野間の源太郎踊りは県の無形民俗文化財に指定されており、その指定理由と内容は次の通りである。

≪源太郎踊は鎌倉時代から念仏踊りとして踊られていたといわれ、旧暦十月十六日の野間神社の願成就に奉納される。

踊りの構成は、大太鼓、小太鼓、鉦、外踊り（女性）からなる。大太鼓・小太鼓はともに太鼓を前に抱いているが、大太鼓は花模様の衣裳に股引・脚袢で鉢巻をしめ、小太鼓は着流しの黒衣装に帯をタスキにかけ、花笠をかぶる。鉦は小太鼓と同じ服装で帯をケサ掛けにしている。外踊りは紋付に太鼓帯をしめ、扇子とアヤ（縞模様のついた棒）を持つ。

踊りは七種類あってそれぞれ独立した曲と踊り方で、隊形も様々に変化するなど構成が複雑である。小太鼓や鉦がケサをかけていること（現在は帯をケサ状につける）、女性が外踊りとして参加していることが県本土の太鼓踊りと異なるところである。≫

もっとも、現在は県本土でも、女性が太鼓踊りに参加しているが、この指定当時（昭和三十九年

＝一九六四）は、太鼓踊りは男だけのものだったのである。

『中種子町郷土誌』でも「大踊りは原則として男子だけで踊る。但し、源太郎踊りだけは女がつく。源太郎踊りは厳密に言えば中踊りに入るが、ここは一応大踊りに入れておく。昔は年齢は二才《にせ》すなわち十五歳から三十五歳の二才組を中心として踊った。現在は青年の不足から壮老年層までふくんで踊られている。」としている。

さらに「この踊りは中踊りから発達したのであるが、山崎の場合は人数も多く大踊りをしのぐ有様なので大踊り」として扱い、「小太鼓、鉦の人にみるように、僧侶をあらわす袈裟がけの姿や、踊りの所作の中で念仏踊りに共通の両膝そろえて前に祈るところがあるなど、念仏踊り系統の痕跡の見られる風流《ふりゅう》（「みやびやかな」の意から出たもので趣向を凝らした作り物や仮装を伴うものをいう「浮立」とも書く：筆者注）である。」と、この踊りの起源が念仏踊りにあることを示唆している。

ところで、源太郎踊りの源太郎とは、この大踊りの中で、

〜ヨー、あれこそこれの山口くだりの源太郎よ、山口くだりの源太郎よ、

ヨー、源太郎殿こそ、若衆の中でも若衆ぶる、若衆の中でも若衆ぶる〜

と唄われる歌詞から名づけられたものである。源太郎は今日の言葉で言えば、すこぶるイケメンのかっこよい若衆で、人々の目を強く引き、こうして踊りの中で唄われるようになったのであろう。

（「鹿児島県教育委員会ホームページ」、『中種子町郷土誌』）

七、水難除けの「ヨッカブイ踊り」

玉手神社(南さつま市金峰町高橋)

八月二十二日、南さつま市金峰町高橋地区では朝早くから「カーン、カーン」と鐘の音が集落内に響き渡る。この日は、玉手神社の例祭日だ。

午前九時半、高橋公民館で準備を終えた七人(平成二十六年度)の男たちが表に出てくる。小さな笹竹・カマスを手にし「ヒョウ、ヒョウ、ヒョウー」と奇声を発しながらの登場である。見ると彼らはシュロで作った頭巾(お面?)を被り、夜着をまとっている(口絵19)。この夜着をまとっているところから、彼らは「夜着被り《よぎかぶ》り=ヨッカブイ」と呼ばれている。

竹の棒に吊《つる》した二本の筒型の鐘を、鐘打ちが「カーン、カーン」と打ち鳴らしながら集落を進み、近くの「たかはし保育園」を目指す。鐘の音は甲高く響き、耳を塞がなければ、そばには寄れないほどの大きさだ。集落の人々にヨッカブイが通るのを知らせるのだという。

保育園では年少組の幼児たちが集まっている。その中に入り込み、手当たり次第子供を肩に担いだり、持ってきたカマスの中に入れ揺さぶる。子供はヨッカブイの異様な姿に驚き、恐ろしさに泣き叫ぶ。ここの園児たちだけでなく、見物に集まった子供たちも同じような目に遭う。

「その子を捕まえて」

逃げまわる子供を指差《ゆびさ》して母親がヨッカブイに頼む。ヨッカブイは子を捕らえてカマスに入れ込む。子供の泣き声。……親とヨッカブイのコラボレーション（共同作業）である。

第19図　ヨッカブイに抱きかかえられ泣き叫ぶ子供

「親の言うことを聞くか」とヨッカブイ。

カマスの中に入れられた子は、泣き叫ぶばかり。

「怖かったぁ」

母親の胸に返された子供が、泣きべそをかきながら言う。

「ご飯をしっかり食べて元気な子になろうね」と母親。

「うん」

泣いている子供には気の毒な気がしないでもないが、微笑《ほほえ》ましい情景だ。

このようにヨッカブイに頼んでまで、子供を捕らえてカマスに入れるのは、水難に遭わず、子供たちが健やかに育って貰いたいとの願いからである。

保育園でひとしきり、子供捕《と》らえが済んだ後は、再び鐘を打ち鳴らしながら公民館に引き返し小休止。

その後、一行は玉手神社に移動する。道々同じような行為が続けられ、玉手神社境内でもなお続く。その一方、社殿で神事が行われているのと並行して、境内に設《しつら》えられた土俵で、幼い子供力士（＝子ガラッパ）十人が東西に分かれ対戦する。合間にヨッカブイ（＝親ガラッパ）も出てきて、子供と取り組むが、子ガラッパに投げられ横転すると、見守る観衆から大きな拍手と笑い声が上がる。相撲が終わると、ヨッカブイ一同が土俵を取り囲み、スピーカーの歌声に合わせて「高橋十八度踊り」を奉納する。

すべての行事が終了した時、時計の針は午前十一時近くを指していた。

ところで、この通称「ヨッカブイ踊り」は正式の名を「高橋十八度踊り」というが、これについて『金峰町郷土史（下巻）』は次のように記述している。

「金峰町高橋に、水難を免れるため水神（ヒッチンドン）を祭る、十八度踊りという珍しい踊りがある。別名ガラッパ踊り、または夜具《よつ》かぶいとも言う。

余程昔から行われたものらしく、古老の一人が『私の見た古記録の中に、元禄八年六月吉日とあった』と話していた。これによると約三百年の伝統のある踊りであることがわかる。

昔は六月十八日（旧暦）がお祭り日であった（だから十八度踊りという：筆者注）が、昭和十五年のころから八月二十二日となっている。もともとこの踊りは水神の加護を願う踊りであるから『水神祠』の前で踊られたものである。高橋の水神祠は高橋と堀川の境に一間四方のお堂があって水神はその中に祭ってあった。明治十二年（『ふるさとのお社』では後で述べるように明治四十二年となっている。四十二年の四が脱落したのか？：筆者注）にこの水神は玉手神社に合祀されたので、以来この踊りは玉手神社の庭で踊られるようになった。

当日は近所の集落はもちろん、遠くの村々からたくさんの人が押しかけて来て大変な賑《にぎ》わいであったという。昔からこの祭りに参加すると水難を逃れる、（川ドイにアワヌ）と信じられていたからである。」

と、その由来と、この踊りが古くからの行事であることを伝えている。

このように、もともと玉手神社は、明治二十二（一八八九）年、市町村制が施行された当時までは単独の神社であったが、その後、政府の方針により明治四十二（一九〇九）年、金峰町周辺に存在していた箭房神社、水神社（＝水神祠）、竈戸《かまど》神社の三社を合祀した。その際、それまで水神社で行われていた親河童《がらっぱ》・子河童《がらっぱ》による神事の「十八度踊り」は「夜着被り踊り」として、さらに親ガラッパ（＝ヨッカブイ）が集落を徘徊《はいかい》しながら土足で家庭の表座敷に上がり込み、家族を小さな笹竹で叩いたり、ヘグロ（鍋墨）を顔にコスリつけたりなどしたが、その時の笹竹は箭房神社の神事を、ヘグロ塗りは竈戸神社の神事の縁《ゆかり》を伝えるものとして玉手神社がすべて引き継いだものである。ただし、家庭に上がり笹竹で叩いたり、ヘグロ塗りなどすることは現在行われていない。笹竹で叩いたり、ヘグロ塗りは家の中だけでなく、道路で出会う地区内の人・観客の区別なしになされていたということである。

親ガラッパが手にした笹竹は、湯立《ゆだて》の神事に用いられる呪具で、神の力を表す御幣《ごへい》同様の扱いを、またヘグロは鍋、釜、竈に付着している煤《すす》で、これは荒神《こうじん》そのものとして扱われていて、笹やヘグロで叩いたり塗ったりする動作は、相手の人の穢《けが》れを祓うものとされる。

これと同じ習俗は、末吉町・熊野神社の「鬼追い祭り」における鬼の手、あるいは山川町・利永神社の「メンドン」のヘグロ塗りにみられる。これらについては別項で取り上げているので、該当箇所をお読みいただきたい。

なお、神社の本殿裏には縄文後期から古墳時代までの遺物が出てきた**高橋貝塚**があり、中国東北部から朝鮮、九州北部という文化の流れを示す支石墓（ドルメン）の南限とされる。また籾痕のついた土器が発掘されたことで、二千数百年前からこの地方でも稲作が行われていたことがわかる。

さらに境内の片隅に直径一・二メートルの円形の石があり、地元ではカメ石、ヘビ石と呼び、イボ取りに霊験《れいげん》あらたかな石とのことである。人によってはマムシ除けの石とも言っている。石の前に盛られている砂を持ち帰り、家の周囲にまけばマムシが寄り付かないとのことからである。

この神社へは、南さつま市金峰町支所前から国道270号線を外れ、海岸方向への小道に入り、そのまま進んで行く。やがて堀川に架かる「高橋ばし」に至り、この橋を渡ってすぐ川岸の道路を左折すると、右手奥三百メートルほどの森の中にこの神社は鎮座している。周辺には典型的な農村風景が広がっている。（『新薩藩年中行事』、『かごしま四季を歩く（春・夏編）』、『ふるさとのお社』、「南日本新聞」、『金峰町郷土史（下巻）』）

秋

一、悲劇の武将を慰める「金吾様踊り」

大石神社（薩摩郡さつま町中津川）

九月の第三日曜日にさつま町中津川の大石神社で秋季の例大祭があり、その時に神社境内で「金吾様踊り」が奉納されている。

この踊りは、一つのまとまった踊りというものではなく、次のような地元五集落に伝わる各種の踊りを総称して、「金吾様踊り」といっているのである。

一、兵児《へこ》踊り

これは藩政時代、参勤交代で島津の殿様に付き随《したが》って薩摩から江戸間の長い行程を、苦労しながら往復した兵児たちが、士気を鼓舞し楽しい旅にしようと、夜の酒宴で踊ったものだといわれている。

二、鷹刺し踊り（口絵20）

領主の狩猟は武士の武術の修練と領民の動向視察の目的をもって農民を勢子《せこ》に駆り立て奉公させた。この鷹狩りの様子を踊りに仕込み、祭りや殿様の領内廻りなどの時、武運長久と領内安穏、領民の安全を祈って踊るようになったといわれている。

三、六尺棒踊り

撃釼《げつけん》浅山流から編み出されたもので、藩主が一般の士気を鼓舞し、いざというときに備え、棒術を踊りに仕込んで農民の子らに踊らせ、鍛錬したものという説もある。なお、棒踊りについては本書「棒踊り」の項を参照されたい。

四、虚無僧踊り

昔「虚無僧」に変装して、仇討ちの本懐を遂げたので、妻と喜んで踊った踊りと伝えられている。

五、三尺棒踊り

三尺棒踊りの由来は六尺棒踊りと同じであるが、三尺棒の場合は専ら相手の手元にとびこみ、前後左右と切り結び合う剣劇風の踊りである。

六、俵踊り

昔は社寺の落成式や祭りなどの際、当日の催し物によく相撲が企てられ、これを勧進《かんじん》相撲と呼んだ。この催しに寄進された金品や米俵などを、土俵に積み上げて観衆に披露した様子を踊ったものと伝えられている。中津川小学校五年生一同によって踊られている。

これらの踊りは午前九時半から始まり正午ごろに終わる。そして同じ内容のものが午後一時から三時まで再び演じられる。ただし、中津川小学校一、二年生が中心の「子供みこし」と恵光保育園園児の「子どもはんや」は午後の部では省略されている。

また、雨の場合は神社近くの中津川小学校体育館で行われる。

ところで、「金吾様踊り」の金吾様とは一体どんな人だったのだろうか。

大石神社には島津家第十五代当主貴久《たかひさ》の三男金吾左衛門尉歳久《きんごさえもんのじようとしひさ》が祀られているところから、人々はこの神社を「金吾さあ」と呼び習わし、それが通称となっている。

歳久は最初祁答院《けどういん》を領し、後に日置《ひおき》へ移り日置島津家の祖となった戦国時代の武将である。太閤秀吉が九州一円に勢力を張っていた島津軍を攻め、遂に川内の泰平寺で島津の降伏を受け入れた際、最後まで抵抗し、その後次のような事情で鹿児島の吉野町平松で自害して果てた悲劇の将でもある。

豊臣秀吉が今の朝鮮半島を攻めた文禄《ぶんろく》・慶長《けいちよう》の役《えき》の時、遠征軍の留守を狙って、北薩湯之尾の地頭であった梅北国兼《うめきたくにかね》らが反乱を起こした。その背後に歳久が荷担していると聞き激怒した秀吉は、従軍していた島津義弘（後の島津家十七代当主）に、弟の歳久を殺してその首を差し出せと命じた。

梅北国兼は、前記した秀吉の島津征伐の時、講和に不服だったものの一人で、歳久や大口の地頭新納忠元《にいろただもと》などとともに、秀吉に降ることを喜ばなかった。

梅北は、役の最中秀吉が筑前の名護屋《なごや》に来て諸軍を監督し、麾下《きか》の将兵が朝鮮に渡っている留守を狙って、背後でこれをくつがえし、秀吉を滅ぼすチャンスだと考えた。そこで田尻荒兵衛と語らって謀反を企てたが、結果的に梅北、田尻ともに相手方から殺され、反乱は成功せず失敗に終わってしまった。

秀吉はこの暴動に国主の義久も関係があると見て、義久を罪にしようとしたが、徳川家康に諫《いさ》められて義久は許され鹿児島に帰ってきた。そして、梅北の残党を捜し出し鎮定しようとした時、「金吾さあ」の歳久も梅北らと同じように硬派だったので、その乱に歳久の兵たちも加わったと考えられた。

歳久は秀吉の島津征伐の時講和不服組で、講和成立後も秀吉が川内から宮之城方面へ向かった時、わざと険阻《けんそ》な山路に導き、途中で箭《や》を射かけさせたことや、歳久が病と称して一度も秀吉の前に伺いもしなかったので、歳久に対し、気を悪くしていた秀吉は、このたびの梅北の反乱に〝歳久も一味である〟と告げ口されたことなど、再三のことに激怒し、

「歳久の首を切って差し出せ、さもなくば汝の国を攻め滅ぼす」

との厳命を兄義久につきつけた。

そこで義久は訳を話して、弟に自刃させるほかはないと思い、歳久を鹿児島に呼び寄せ、宴席に招待したが、事情を打ち明けないうちに座が白け、容易ならない形勢を察知した歳久主従は、船で海上に逃れた。それを知った鹿児島側ではすぐに追っ手を差し向けた。

行く手を阻まれた歳久一行は、船を龍ケ水につけ、二十数人の供の者たちは討手と戦って、すべて討たれたり、あるいは自刃した。

歳久は取り巻いた討手の中で切腹しようとしたが、中風のため刀を取ることができなかった。

「残念だ。この手では刀が取れぬ。誰かわが首をはねよ」

と首を差し出すが、並み居る討手の者も、ただ涙を流し嘆くのみで、主君の弟の首を切ろうとする者はなかった。

「誰か早よう首をはねんか」

と叱咤・催促されて結局討手の一人、原田甚次なる者が仕方なく立ち上がって、歳久の首を打ち落とした。

時に文禄元（一五九二）年七月十八日で、行年五十六歳であった。法名を心岳良空という。

義久は慶長四（一五九九）年、龍ケ水に一寺を建てさせ、歳久の法名にちなんで「心岳寺」と名付けた。明治初年の廃仏毀釈によって心岳寺は廃され、その跡に今の**平松神社**が建てられている。

なお、鹿児島三大詣りの一つといわれている「心岳寺詣り」が、歳久を偲んで平松神社への詣りであるのは、このような事情によるものである。

さつま町の大石神社で「金吾様踊り」が奉納されるのは、いうまでもなくこの地方が、かつて歳久の領有地であったことによる。神社は、さつま町立中津川小学校の西五百メートルほどの所から左に曲がり、坂道を上がった森の中に鎮座している。（「金吾様踊り活性化実行委員会資料」、『日吉町郷土誌（上巻）』、「南日本新聞」）

二、野狐に欺される「兵六踊り」の野外劇

紫尾神社（出水市高尾野町唐笠木）

ようやく秋の気配を感ずるようになった秋分の日に、出水市高尾野町の紫尾神社で奉賽祭《ほさいさい》が執り行われている。五穀豊穣に感謝する恒例行事だ。

この紫尾神社は、肥薩おれんじ鉄道の高尾野駅から阿久根方向へ約二百メートル先を右折し、踏切を渡って約一キロメートルのところにある。

まず午前十時三十分から祭典が開始され、その後、正午から「高尾野兵六太鼓」の勇壮な演奏を皮切りに、多彩な演目が披露・奉納される。棒踊りや武道の演舞、江内《えうち》小学校五年生による郷土芸能「山田楽」など、午後四時ごろまで続く。

中でも最後の「高尾野兵六《ひょうろく》踊り」は昭和三十七（一九六二）年十月二十四日、県の無形民俗文化財に指定されているものである。

《大石兵六という武士が鹿児島城下の吉野原で苦労のすえ野狐を退治したという、江戸時代から

伝わる話（「大石兵六夢物語」）を劇風の踊りに仕立てたもので、薩摩武士の蛮勇を風刺したものともいわれ、豪快ななかにもユーモラスな雰囲気が漂っている。

登場人物は、主人公の大石兵六をはじめ、兵児数十人、それに狐の化けた怪物、老父、娘、庄屋、捕り手、和尚、小僧である。

踊りは、第一場「新上橋上の評定」、第二場「吉野原の段」、第三場「兵六凱旋の段」の三場からなる。せりふの中に鹿児島弁がまじり、いかにも郷土芸能らしい。

兵六踊は長島町城川内など県下にいくつかあるが、その代表的なものでよく整っている。≫

というのがその理由である。

この踊りの粗筋《あらすじ》が星原昌一著『かごしま四季を歩く（秋・冬編）』の中で実に要領よくまとめられているので、それを次に借用させて頂くことにする。ただし、一部変更したり、また、分かりやすいように振りがなを振ったり、カッコ内に注釈を加えたりしたところがあるのをお断りしておく。

兵六踊りは大石兵六が吉野の原でキツネ退治をしたという「大石兵六夢物語」を踊りにしたものだ。藩政時代の薩摩兵児《へこ》たちの生活ぶりをほうふつさせる姿や話ぶりが楽しい。

兵六と二才《にせ》（若者）たちが甲突川にかかる新上橋《しんかんばし》に集まって評定をしている。手拭いを二つ折りにして被り、白の帷子《かたびら》は肩まで袖をまくって尻からげ。それに縄のようによじった白木綿の帯に大小の刀（兵六だけは赤鞘《さや》）を差し、素足に太緒の藁草履《わらぞうり》といった姿で、長さ約一メートルの太い枝を持つ。

「吉野の原でキツネが通行人をみんな坊主にしている。誰か退治する者はいないか」

という声に、大石兵六が、

「うん、われ行って帰らん」

と叫んで立ち上がる。二才たちから野次られながらも兵六は吉野の原を目指す。

薄気味の悪い吉野の原に恐る恐る兵六が登場すると、二つの怪物が出てきて飛びかかる。刀を抜いて切り込むと、怪物は逃げてキツネになる。キツネを捕らえて斬ろうとするところ（口絵21）に兵六の父親が現れて、

「これ、これ、兵六ではないか。今日は何日と思うぞ。今日は大事な母の命日。その畜生は余の畜生とは違い稲荷大明神の遣わしもの。平に許せ、これ兵六」

と頼む。親の言うことにはどうしようもなく、兵六は二匹のキツネを放す。しかし、父と思ったのもキツネ。馬糞をぶつけられ兵六は怒る。

そこに今度は娘が二人通りかかる。今度もキツネと追いかけて捕らえると、一人は逃げて庄屋に告げる。庄屋は捕り手を二人連れてきて兵六を捕らえるが、和尚《おしよう》と小僧が出てきて兵六を貰い受ける。この辺《あた》りの芝居に観客たちは大喜びで、笑い笑いの連続だ。

キツネの和尚と小僧にだまされ、頭を剃られて丸坊主にされた兵六。怒った兵六はそばに立って

いた地蔵に、こいつもキツネと斬りつけると、キツネの死体が横たわる。

夜明けに二才たちが兵六を迎えにやってくる。丸坊主の兵六はキツネを担いでいる。

二才たちから、

「坊主にはならんと言いおったどん、頭がピカピカ光っている」

と言われる。兵六は、

「坊主にはなったどん、証拠は取ったぞ」

とキツネを突きつける。しかし、丸坊主にされた兵六に、二才たちは絶交を申し渡して帰って行く。兵六は無念そうに、

「よし、もう一度吉野に向かって、恥をそそがん」

というところで踊りは終わる。

踊りというよりも、兵六を主人公にしたユーモア溢れる野外劇だ。

演者は大まじめに演じているが、まじめであればあるほど、反対に滑稽な内容や動作が観客の笑いと拍手を誘う。

ちなみに『大石兵六夢物語』は、江戸時代に書かれた近世鹿児島の代表的文学作品である。享保《きょうほう》・元文《げんぶん》年間（一七一六～四〇年）のころ、川上某が民話を素材に書いた『大石兵六物語』をさらに、天明《てんめい》四（一七八四）年、当時の時代や社会を背景に毛利正直によって『夢物語』へと書き

改められたもので、風刺のある滑稽譚である。

明治時代、鹿児島の青年たちがその全文を暗誦するほど親しまれていた、ということである。(『かごしま四季を歩く(秋・冬編)』、『鹿児島百科大事典』、「南日本新聞」、「鹿児島県教育委員会ホームページ」)

三、「蟻の花尾詣で」で、〝さつま日光〟へ参詣

花尾神社(鹿児島市花尾町)

鹿児島市街地から国道3号線を塚田で右折し、県道211号線(小山田川田蒲生線)を北上、東俣町を抜け、花尾神社前の標識から右に折れると、穂が重く垂れ色づき始めた稲田が広がっている。その先にこんもりとした森が見え、その中に花尾神社が鎮座している。

この神社には島津氏の初代・島津忠久の父母と言われる源頼朝と丹後局《たんごのつぼね》、および局が厚く帰依《きえ》した僧永金が祀られている。建保《けんぽう》六(一二一八)年の建立とされ、その後、正徳《しょうとく》三(一七一三)年に造営された現社殿は色鮮やかで、さらに今からおよそ百六十年前の嘉永《かえい》六(一八五三)年に、

能勢一清によって描かれた四百一枚の華麗な天井絵があり、こうしたことから、日光東照宮になぞらえて「**さつま日光**」とも呼ばれている。

神社では毎年、丹後局の年忌に当たる九月二十三日に例大祭が催され、次に述べるようないろいろの行事が奉納されている。中でも目を引くのは「**蟻の熊野詣で**」に倣《なら》った「蟻の花尾詣で」である。「蟻の花尾詣で」の前に、まず、「蟻の熊野詣で」について少しばかり説明を加えておきたい。

紀伊山地の霊場と参詣道として世界遺産に登録されている和歌山県熊野は、古くからあの世に通じる地とする信仰があった。『日本書紀』の伊弉諾尊《いざなぎのみこと》が、熊野の花の窟《いわや》に葬られたとする伝承も、熊野を他界の入口とする考えから書かれたものである。そのため、浄土教《じようどきよう》が広まると、熊野は人々を極楽に導く阿弥陀仏《あみだぶつ》の聖地とされた。

こうした理由から、平安時代末に白川法皇《しらかわほうおう》や鳥羽法皇《とばほうおう》などの朝廷の有力者がしきりに熊野詣でを行った。この世で思いのままの権力をふるった彼らが、死後の幸福を求めたのだ。法王らの往来による街道の整備や、もともと存在していた山の信仰と仏教の信仰が一つになること（＝神仏習合）で、地方の豪族や一般の庶民など多くの人々が熊野三山（＝熊野本宮大社・熊野速玉大社・熊野那智大社）に参詣するようになった。その数があまりに多く、蟻の行列のように続いたことから、「蟻の熊野詣で」という言葉が生まれたのである。

こうした「蟻の熊野詣で」に倣った「蟻の花尾詣で」は、鹿児島市城山の鶴丸城跡から花尾神社までの十七・五キロメートルを踏破するもので、同市郡山《こおりやま》地区の小中学生や地元の住人ら約二百人が参加している。平成十二（二〇〇〇）年から始まった比較的新しい行事である。

鶴丸城跡を午前七時に出発した一行は、旧街道の「花尾古道」などを経て、約六時間かけて同神社に到着する。大人と子供の脚力の違いや、あるいは、それぞれが思い思いに歩くので、花尾神社に着くころは三々五々になっている。これらに途中で丹後局を乗せた輿《こし》やよろい姿の武者らも合流し、行列に華を添えている（口絵22）。

この「蟻の花尾詣で」のほかにも、「花尾太鼓踊り」「大平獅子舞踊り」「岩戸疱瘡踊り」などの伝統行事が、それぞれの保存会の人々によって奉納されている。この三つは花尾町に古くから伝わる伝統芸能である。

「花尾太鼓踊り」は文禄《ぶんろく》元（一五九二）年、朝鮮出兵に出陣した島津義弘が、軍の士気を高めるために打ち鳴らした鉦と太鼓に、後に踊りを振り付けたのが始まりといわれている。

「カン、カカ、カーン」「ドン、ドン、ドン」。鉦と太鼓を打ち鳴らす音が響く。

踊り手は男衆で、年によって違いはあるが総勢二十人前後。大きな太鼓を胸元に抱えた半数近い白装束の人は、高さ四メートルほどの矢旗を背負う。鉦を左手に持った残りの人は、色鮮やかな陣羽織をまとう。列をなした男たちが優雅に舞いながら、鳥居から社殿へと向かう。境内で奉納する「庭踊り」が始まると、鉦打ちが内側、太鼓打ちが外側にそれぞれ円を作る。鉦の音に太鼓が呼応するように、小気味よい拍子を刻む。左回りに進みながら片足で地面を蹴り上げ、勇壮に踊る。

この勇壮な太鼓踊りは午前と午後、それぞれ四十分にわたって披露される。昭和三十四（一九五九）

年ごろから一時期途絶えていたが、同四十一（一九六六）年に、伝統ある踊りを後世に残そうと復活した。

次の「大平獅子舞踊り」は五穀豊穣、無病息災を祈願する芸能で、その由来は花尾太鼓踊りと同様、島津義弘が朝鮮出兵する際に兵の士気を高めるために踊ったとされている。終戦後、しばらく踊りが途絶えていたが、昭和四十（一九六五）年に復活した。よく見る獅子舞の原型となる姿・動きを残し、民俗学的に価値の高いものとされている。

踊りは前踊りの「はんやれ」から「三尺踊り」「鎌踊り」の後、獅子舞に移る。

「獅子が裏山にいるから追い出して捕りに行くか」

という話が出ると、捕り手は、

「エンヤサー、チョイチョイ」

と士気を高めてから、

「獅子を捕らねばならぬ」

と刀を振り上げ、獅子狩りが始まる。

場捕りと呼ばれる三匹の子獅子が暴れるように場内整理をして回り、本獅子が登場。なぎなたを持った捕り手との格闘が始まる。

年季の入った人たちばかりだが、動きが激しいだけに息が合わないとスネを打ったりして難しい、とのことだ。

この獅子舞には裏方が多く、七、八人の歌い手のほか、草履を作ったり修理したりする道具係もいて、踊り手を含めると二十数人になる。獅子も布にシュロの皮を縫い付け、金色の目玉をはめ込むなど手が込んでいる。踊りの歴史は古く、全く手を加えずに昔から奉納してきたという。素朴だが、時代を遡れるような舞である。

「岩戸疱瘡踊り」は、昔、恐ろしい伝染病だった天然痘が蔓延《まんえん》したことから、予防と早い治癒を願った郷土芸能である。昭和三十（一九五五）年ごろから一時踊りが途絶えていたが、花尾太鼓踊りと同じく昭和四十一（一九六六）年、伝統を後世に残そうと復活した。

これらのどの踊りも、鹿児島市の無形民俗文化財に指定されている。（『地図でめぐる神社とお寺』、「南日本新聞」、『かごしま四季を歩く（秋・冬編）』）

四、華やかな戦国絵巻の「流鏑馬神事」

四十九所神社（肝属郡肝付町新富）
大汝牟遅神社（日置市吹上町中原）
住吉神社（曽於市末吉町二之方）

流鏑馬

はじめに流鏑馬《やぶさめ》について説明しておきたい。これは馬を走らせながら鏑矢《かぶらや》で的を射る競技である。鏑矢は矢の先に鏑（木・竹の根または角《つの》で野菜の蕪《かぶら》の形に作り、中を空にし、数個の穴を穿《うが》ったもの）を付けたもので、空中を飛ぶ時、その鏑の穴に風が入って響きを発する。源平の合戦などで、戦闘を始める時、互いに開戦を通告する矢を敵味方から放ったが、その時に用いられたものである。このように鏑矢を使用するところから流鏑馬と書きヤブサメと読ませているが、もともとは矢馳馬の意味である。つまり、馬を走らせながら矢を射るもので、徒歩で弓を射る歩射とその点が違っている。武技としての起源も古く、中世の鎌倉時代、鶴岡八幡宮で流鏑馬の神事が文治《ぶんじ》三（一一八七）年の放生会《ほうじょうえ》のとき源頼朝によって行われたことが『吾妻鏡《あづまかがみ》』に見えている。

現在、県下の神社でこの流鏑馬が神事として行われているのは以下の三社のみで、いずれも県の無形民俗文化財に指定されている。

四十九所神社（肝属郡肝付町新富）

まず、肝付町（旧高山《こうやま》町）新富の四十九所神社から。

当神社では毎年十月の第三日曜日（もとは旧暦九月十九日）に、この行事がほかの二社に先駆けて実施されている。県は無形民俗文化財に指定した理由を次のように述べている。

《神社の前の長さ三百三十メートルの馬場に立てられた三本の的を、走る馬上から弓で射るもので、これを三回くり返し合計九本を射る。

射手は昔は麓郷士の十五歳の男子から選ばれるものであったが、現在は地元の中学二年生の中から選出している。以前は二騎手走ったこともあった。

射手に選ばれた少年は、一カ月ほど前から稽古を始め、一週間前から「宮ごもり」をして精進潔斎をし、二日前になると東串良町柏原の海岸に「シオガケ」に行く。

当日は、朝の神事のあと、射手は神社から「真弓」を受領し、弓と矢を捧げて騎手として町内を一巡する。終って社殿の前で三回まわってから、馬場を走りぬけ、三つの的に次々と矢を放つ。これを三回くり返すのである。多く命中した年は豊作というが、九発全部命中することは忌む。

りりしく化粧した若者が、綾藺笠をかぶり、直垂、行騰姿で、馬を走らせながら弓弦の音を響かせるさまは、まさに戦国絵巻を見るような情景である。》

このように、りりしく化粧した若武者が、周囲に五色の紙幣を垂らした綾藺笠《あやいがさ》を被り、紺青色《こんじょう》の直垂《ひたたれ》に行縢《むかばき》（鹿・熊・虎などの毛皮で作り、腰から脚にかけて覆いとしたもので乗馬の際などに着用する）を付けたあでやかな姿で（口絵23）、約三百三十メートルの馬場を三回駈け、百メートルおきに立てられた的に計九本の矢を放つ。的中の本数で五穀豊穣、悪疫退散を占うものであるが、「来年はさらなる高みを目指す」という意味から八本が最高の出来とされている。もし、八本続けて当たった場合は、最後の一本をわざと外すという。

弓矢が命中するたびに参道を埋めた大勢の観客から歓声と拍手があがる。

射手《いて》は毎年、流鏑馬保存会が地元の中学生から募集する。それまで馬に乗ったことがないため、約一カ月前から乗馬の練習が始まる。まず馬に慣れることから始まり、引き馬から駆け足へと移っていく。

晴れの日の二日前の午後、陣羽織・鉢巻き姿の今年と昨年の射手はそれぞれ馬にまたがり、約八キロメートル離れた志布志湾沿いの東串良町柏原海岸まで「潮がけ」に行く。

浜で神事が済むと海に酒を捧げ、お祓いを受けた射手と馬、氏子たちは海に入り、潮がけをして禊《みそ》ぎをする。膝まで入って身を清める潮がけは、「俗を去り聖に近づく」行事である。馬場に撒く砂もこの時に採る。

潮がけに行く時は昨年の射手が先に、帰りは今年の射手が先になる。その夜から神主と射手の二人は関係者以外には誰にも会わず〝おこもり〟をする。

大観衆の中を駆け抜け、矢を放つ射手の晴れ姿は、神と同体になった輝かしさがある。と『かごしまの四季を歩く（秋・冬編）』の中にこれらのことが記述されている。

流鏑馬神事を中心とする「高山やぶさめ祭」は午前八時半から高山橋河川敷広場でその幕を開け、午前十時から流鏑馬武者行列がパレードするほか、魚のつかみ取り大会や特産品試食・即売会などもある。午前八時から午後六時まで周辺一帯は交通規制が行われるので、車で来る人は注意が必要である。ただし、十分な駐車場は準備されている。

流鏑馬神事そのものは午後二時から始まる。参道の片側に砂を敷いた馬場を若武者が駆け抜ける。それを見ようと多くの観衆が詰めかけ、通り抜けるのに一苦労するほどだ。

なお、四十九所神社といいささか耳慣れない神社名は、この神社の祭神が伊勢神宮の天照大神（内宮）と豊受大神（外宮）をはじめとして天神七代・地神五代・五部之神三十二神の合わせて四十九柱を祀っていることからこの名が付けられている。

当神社は肝付町役場の近く、城山（103・3メートル）の麓に所在している。（『広辞苑』、『日本民俗大辞典・下巻』、「南日本新聞」、「朝日新聞」、『かごしま四季を歩く（秋・冬編）』、「鹿児島県教育委員会ホームページ」）

大汝牟遅神社（日置市吹上町中原）

日置市吹上町の大汝牟遅《おおなむち》神社でも、この流鏑馬が行われ、やはり県の無形民俗文化財に指定されている。

≪その昔、島津忠良が、加世田城主を攻める時、大汝牟遅八幡宮に、加世田城攻略が成功したら毎年流鏑馬を奉納するとの願をかけ、天文六（一五三七）年十月二十五日、家臣に命じて流鏑馬を奉納したのが始まりとされる。

以前は、毎年旧暦十月二十五日の大汝牟遅神社の秋の大祭に奉納されていたが、現在は十一月二十三日の勤労感謝の日に奉納される。神社の前の馬場に立てられた三本の的を、馬を走らせながら馬上の射手が弓で射る方式は他と変わりがない。

射手は、宮下家が代々つとめてきたが、永禄三（一五六〇）年、宮下家に不幸があって宮内家が代って射手をつとめて以来、宮下家あるいは宮内家の世襲によって継続されていた。しかし、現在は保存会が結成され、地域の人々によって伝承されている。昔は両家の屋敷内に籠所が設けられ、射手は二週間みそぎをし、神社に参拝して練習したものである。

当日は、早朝に吹上浜で塩浜入りをして、神前での祭典のあと浜下りをする。神社に帰って魔除けの祈禱（アゲウマ）をし、九字（九つの文字を唱える祈り言葉）を唱えながら指で空を切って、別当がまえもって祓っておいた馬場に出て馬を走らせ、三つの的を次々に射る。≫

というのがその理由である。

このように、大汝牟遅神社の流鏑馬は、島津一族の内紛から始まった。加世田城主の島津実久が反乱を起こし、そのため伊作領主であった島津忠良（日新公《じつしん》）が実久の加世田城を攻めた。しかし、敵勢侮れず、万瀬川《まのせがわ》畔の合戦で忠良自身、流れ矢に当たり戦傷するという始末であった。陣容を建て直し再度出陣することとし、大汝牟遅神社に戦勝祈願したが、この時、流鏑馬を奉納したことでこの神事が始まったといわれ、以後現在まで続いている。

射手は、日新公の命で宮下越後守が務めてから代々世襲になった。しかし永禄《えいろく》三（一五六〇）年に宮下家に不幸があり、代わりに宮内家が務めて以来、両家で行うようになったことは前記のとおりである。

時代は降って、宮下家の末裔は神戸市に住むようになり、流鏑馬の時には帰郷し弓を引いていた。一方、宮内家には後継者が居らず、宮下家も射手の役を返上したため、昭和六十三（一九八八）年、宮内三集落で「伊作流鏑馬保存会」を結成し、以後この保存会によって伝統が継承されている。

保存会では狩衣や馬の鞍を揃えて射手（馬に乗り慣れた地域の人）を募集するようになり、また二頭の馬は競走馬の育成をしているところに預けている、ということである。

流鏑馬当日の午前六時、保存会の十人ほどで吹上浜に行く。まだ暗い海で射手二人と先触れの子供二人が禊《みそ》ぎをするためだが、人に見られるのを嫌うという。禊ぎが終わると千本楠の広場で祭りを行い、正午から神社前の参道でいよいよ流鏑馬が始まる。

まず、先触れ役の小学六年生二人が、交代で手綱をぐるぐると回しながら、浄めの塩を馬場にまいて行く。その後、狩衣姿の射手二人が、これも交代で馬場約二百メートルを三回ずつ疾走し的を射る。薩摩半島唯一の流鏑馬だけに、最近は遠方からの見物人も多い。

流鏑馬行事が終わった後、的の平木は魔除けになると伝えられ、見物人は競ってその一片を求めて行く。（『かごしま四季を歩く（秋・冬編）』、「南日本新聞」、「朝日新聞」、『新薩藩年中行事』、「鹿児島県教育委員会ホームページ」）

住吉神社（曽於市末吉町二之方）

曽於市末吉町の中心街から県道503号線（見帰二之方線）を志布志方向に道を取り、四キロメートルほど進んだ右手にやや高い山が見えてくる。住吉山（267メートル）である。その山の中ほどに鎮座する住吉神社でも、ホゼ祭り当日にこの流鏑馬が奉納されており、やはり前の二社と同じように、県の無形民俗文化財に指定されている。

≪住吉神社例祭の十一月二十三日、五穀豊穣などを祈願して行われる行事である。同社の流鏑馬については、『三国名勝図会』に「例祭九月廿五日、十一月廿五日。其十一月の祭祀には、流鏑馬一騎を施行す」とあって、江戸時代にも注目される行事であったことが知られる。

射手は、以前は三人の壮年の射手が交替でつとめていたが、最近は町内の主に中高生二～三人が、この大役を果たす。射手の服装は狩衣に綾藺笠で中世の巻狩の姿である。流儀は、矢を放ったあとに両腕を水平に広げる宮崎神宮と同じ系統の小笠原流をとり入れている。神事のあと、二百六十メートルの馬場に四十メートル間隔で並ぶ三つの的に馬上から射るのを三回くり返す。的は昔は平木を何枚も組み合わせて作った。矢の当たった的の平木で家を葺くと、家が栄えるといわれた。また矢が多く的中すれば翌年は豊年であるといわれる。》

と、指定の理由を述べ、小笠原流を取り入れているところに特徴があるとしている。小笠原流では、射手《いて》のほか、総奉行・的奉行・記録役などがあり、それぞれの役を務めている。

行事では、まず始めに神殿で神事をした後、参道に下り、そこに三カ所用意された的に、一之鳥居の方からお宮の方に向かって馬を馳せながら、弓を引き絞って矢を射る。射手の装束は、鎌倉時代の巻狩りのそれで、笠（綾藺笠）をかぶり水干《すいかん》・佐貫袴・行縢《むかばき》を着用し、手袋（弓懸《ゆが》け）をして弓・矢・鞭を持つ。

この伝統行事も一時途絶えていたが、昭和二十七（一九五二）年に復活、現在に至っている。その間の事情を、かつて氏子総代だった人の話として、前記『かごしま四季を歩く（秋・冬編）』の中で、「大正時代には近衛騎兵だった人が帰省して射手を長く務め、その後熊本の騎兵上がりの人が継いだ。一時途絶えたが昭和二十七年に復活。しかし、三人いた射手も六十歳を超え、馬の腹帯が切れ落馬したりして引退した。後任を探していたところ、末吉派出所に勤務していた高山町（現肝付町）出身の警察官が、四十九所神社の流鏑馬の射手を務めた経験があることが分かった。以来、勤務地

第 20 図　流鏑馬神事の女武者

が変わっても、秋になると駆けつけて射手を務めていた。現在は小学生から高校生までの子供たちから射手を募集している。応募者は女の子が多く、的に当たる率も女子の方が高い。夏休みを利用して練習するが、初心者でもすぐ馬に慣れる。祭りの日、孟宗竹林を背に馬場を駆け抜け、次々に的に射当てる姿が凛々しい。」というように述べられている。

筆者が参観した平成二十六（二〇一四）年の行事では、午後一時に射手らの名が呼ばれた後、本殿に上がって神事、その後、参道で諸準備を済ませてから、いよいよ午後二時に流鏑馬の開始となった。

射手は小学四年、中学三年の男子と成人の女射手の計三人で、それぞれ三回ずつ三つの的に、疾走する馬の上から矢を放った。的に当たると「お～っ」という歓声があがり、また大きな拍手が送られる。放たれた矢の二十七本中二十一本が命中、中学生と女武者はすべてを的中させ、人々の喝采を浴びた。小学生の射手は今年が初めてとあって、さすがに的中する矢は少なかったが、的を射抜くと、より大きな声援が送られた。

流鏑馬が終わった後、三騎の馬には希望する少年や幼児を射手の前に乗せて、その子の健康安全と将来の幸福を願う、ということも行われ人々の微笑《ほほえ》みを誘った。

さらにその後、馬場裏の広場では孟宗竹によじ登る「油竹登り」があり、子供たちの歓声が響く。食用油が染みこんだ五〜七メートルの三本の竹が立てられ、上方に稲穂に見立てた宝物がくくりつけてある。一人あるいは数人のグループで挑戦するが、子供たちは友達と協力しながら、つるつると滑る竹を懸命によじ登り宝物を目指す。上まで登れなければ交代する。

子供の心を引きつける愉快な呼びもので、桜島が大爆発した大正三（一九一四）年、当時県会議員だった人が考案したという。子供たちが成功して宝物を手にしても、また滑り落ちて残念な顔をする姿にも、笑いが起き声援が送られる。（『かごしま四季を歩く（秋・冬編）』、「鹿児島県教育委員会ホームページ」、「南日本新聞」、『ふるさとのお社』、「神社前案内板」）

五、隼人族の霊を慰める「隼人浜下り」

鹿児島神宮（霧島市隼人町内）

毎年十月の第三日曜日、霧島市隼人地区内を華麗な行列が通り過ぎる。五穀豊穣や豊漁などを願う鹿児島神宮の「隼人浜下り」である。

この「隼人浜下り」の起源は、後でも述べるように、今から千三百年ほど前の奈良時代まで遡る、といわれている。

当日は午前九時に神事が開始され、九時半、境内に整列していた参加者一同に、召し立て役が各人の名前を呼びあげる。呼ばれた者は返事をし、隊列を組んで階段を下り、参道広場に移って行く。十時になると待機していた各隊（先触れの鉄砲隊、馬に乗った武将、甲冑姿の武者、女武者、子供武者、女官、弓隊、直垂・袴姿の稚児など約三百五十人ほど）は十数台の太鼓が打ち鳴らす響きを合図に出発、隼人塚へと向かって行く。行進の最中、よろいに身を包んだ女武者らも「チェストいけ」と気勢を上げながら、市街地を堂々と歩く。霧島市国際交流員や外国語指導助手（ＡＬＴ）などの外人も行列に加わり、特に女武者や女官に扮した若い異国人女性は一層人目を引き、華を添える（口絵24）。

ＪＲ隼人駅近くの「隼人塚」に着いた一行は、そこで隼人族の霊を慰めるための神事と隼人舞を奉納した後、再び最終地点の浜之市八幡屋敷へと歩を進めて行く。

八幡屋敷すぐそばの隼人港で、ここでも隼人の霊を慰めるための放生会《ほうじようえ》が行われ、往路の行事が終了する。

「放生会」は捕らえた虫・魚・動物などの生き物を解き放って自由にする法会のことで、殺生や肉食を戒める慈悲の実践として、普通陰暦の八月十五日に行われる。この放生会を初めて行ったのが宇佐八幡宮で、それは養老《ようろう》四（七二〇）年のことであった。その後全国に広まったということである。

宇佐放生会は、一説によると隼人の乱の時、宇佐神宮が朝廷軍に力を貸し平定に至ったが、その際殺戮《さつりく》された隼人の霊を慰めるために行われた放生会であるといわれている。反乱平定後、悪疫が流行し、それは隼人の霊の祟りだと考えられたからである。

ところで、その隼人の反乱とは一体どのようなものだったのか。

それは、古代、隼人が律令《りつりよう》支配に反対して蜂起した抗戦であるとされる。七世紀末から朝廷・政府は隼人の地への律令支配の浸透を図り、諸制度の導入を図ったが、隼人の旧来の共同体社会には、その土地制度や支配形態に不適応なものが多く、その導入に対して抵抗が起こった。

とくに養老四（七二〇）年二月の大隅国守陽侯史麻呂《やこのふひとまろ》の殺害に端を発したものは、隼人の抗戦では最大規模となった。朝廷では大伴旅人《おおとものたびと》を征隼人大将軍に任命して大軍を派遣したが、そのとき前記のように宇佐の八幡神の加護を求めた。八幡神社では神輿（日本初の神輿といわれる）を設《しつら》えて現地に赴き朝廷軍とともに一年数カ月ばかりかかってようやく彼らを鎮圧した。八幡神は神輿とともに戦利品の隼人族の首を持って帰り、宇佐の地に埋葬した。「斬首捕虜千四百人余」といわれ、この時の隼人の抗戦が、いかにすさまじいものであったかを物語っている。この抗戦をもって、朝廷・政府に対する隼人の抵抗は一応終結することとなった。

ところが、その後、宇佐地方には疫病が蔓延したため、これは隼人族の祟りだとして彼らを慰めるために「放生会」を始めたというのである。しかし、これでは養老四（七二〇）年以後となり、通説の養老四年とは年代的にずれが生じるが、ともかくこのようにも伝えられている。

浜下りは、このように大和朝廷に抵抗し、犠牲となった隼人族の霊を慰めるため、養老四年ごろ始まったとされる。昭和九（一九三四）年にいったん途絶えたが、平成十二（二〇〇〇）年に同神宮の宮司や地元有志らが復活させ今日に至っている。

ところでいま一つ、隼人の霊を慰める浜下りは、本神宮の祭神ともまた無縁ではない。

鹿児島神宮の祭神は天津日高彦穂穂出見尊《あまつひだかひこほほでみのみこと》・豊玉比売命《とよたまひめのみこと》であるが、天津日高彦穂穂出見尊は、またの名の山幸彦としてよく知られている神で、高天原から降臨してきた瓊瓊杵尊《ににぎのみこと》の第三子である。

そして、長兄の火照命《ほでりのみこと》と末弟である火遠理命《ほおりのみこと》（＝天津日高彦穂穂出見尊）は海幸彦・山幸彦神話の主人公としても有名である。

海幸（火照命）は海の漁、山幸（火遠理命）は山の猟を司る神聖な威力を持つ神であったが、ある時兄弟はその漁と猟の道具を交換し漁・猟場を違えて出かけた。ところが、弟の山幸彦は兄・海幸彦の大切にしていた釣針を失ってしまった。

「釣針は沢山作って返すから」

と言ったが、兄は元の釣針でなければだめだと言って聞かない。困り果てた山幸彦が海辺で泣いていると塩土老翁《しおつちのおきな》が現れ、目無籠《めなしかご》（目が堅くつまった竹籠の小舟）を作って山幸彦を乗せ、海神《わだつみ》の宮へ行くように教えた。山幸彦は海神の宮で海神の娘・豊玉毘売《とよたまひめ》と婚姻し、三年を暮らしたが、釣針のことを思い出すと、ため息が出た。心配した豊玉毘売が、

「火遠理命（山幸彦）は此の国に住んで三年になりますが、その間いつもは、ため息をつくことなどなかったのに、昨日の晩は大きなため息を一つつきました。もしかしたら何かわけがあるのでは」

と父神に告げたので、海神が山幸彦からそのわけを聞き出し、すべての魚を召び集《よ》めて釣針の行方《ゆくえ》を尋ね、とうとう鯛の喉に掛かっている釣針を見つけ出した。

そして、

「この鉤《はり》を兄さんに返すときは、おぼ鉤《ち》（ぼんやりの針）・すす鉤（猛り狂う針）・貧鉤《まぢち》（貧しい針）・うる鉤（役立たずの針）と唱えながら、後手で渡しなさい」

と教え、塩満玉《しおみつたま》・塩乾玉《しおひるたま》という二つの玉を授けて、鰐《わに》の背に乗せて送り返した。山幸が教えられたとおりにしたところ、海幸は次第に貧しくなってしまった。弟を憎んだ海幸が攻めてきた時は塩

満玉・塩乾玉を使って海幸を溺れさせ、とうとう降伏させた。以後、海幸彦は昼夜を分かたず弟・山幸彦を守護することを約束し、また溺れた際の所作を演じて、俳優《わざおぎ》の技をもって弟神に仕えた。

そして、その子孫は隼人族であると『古事記』に書かれている。

くり返すようだが、その隼人の霊を慰めるのが、この浜下りである。

なお、浜下りに関係して、次のような七つの言い伝えがある。

一、猿田彦に頭をなでられると賢くなる。

二、甲冑武者に触ると子供たちが健康になる。

三、切幣（きりぬさ＝行列より先に神官が人々や家々をお祓いしながら進んで行くが、その時撒かれる二センチ四方ほどの色つき紙片）を拾って持っていると交通安全のお守りになる。

四、行列の馬の馬糞を踏むと足が速くなる。

五、神楽座の太鼓が鳴り響くと豊作に恵まれる。

六、鉄砲隊に触ると子宝に恵まれる。

七、召立て役の黄金の杖に触れると金運に恵まれる。

というのがそれで、道々広報の車で放送されている。

ところで浜下り行事は、鹿児島神宮以外にも、県内各地の諸神社で行われているが、やはり、鹿児島神宮のそれが群を抜いているように思われる。

ちなみに鹿児島神宮以外のものを一つだけ、始良市鍋倉《なべくら》の**八幡神社**の浜下り行事を見ておこう。

この神社では十一月の第二日曜日に浜下りが実施されている。

まず神社の所在地であるが、始良市帖佐の中心部から米山薬師の方へ道を取り、帖佐小学校の左横をさらに山手の方に進むと稲荷神社に突き当たる。そこを右に折れ、車の離合もやっとという木々の間の細い山道を上がっていくと、桜公園に辿り着く。その公園の真向かいが八幡神社である。

昔、山城国（＝京都府）の石清水善法寺に法印了清という僧がいた。弘安三《こうあん》（一二八〇）年、この僧が石清水八幡宮の御分霊を奉じ、帖佐地方を領有支配するため、部族を率いて帖佐・松原の地に着船したが、さらに別府川の上流まで遡り船を下りた。そこで、その地を船津村と名づけた。

この船津村の東の方に大池があって、池の中にまた一つの島があった。了清はこの辺りに神輿《みこし》を留め、どこに八幡神社を勧請したらよいかを占った。そうすると、東方、折橋山の上の八本松に、にわかに八流の幡が掛かった。了清はこれを八幡の奇瑞《きずい》として、その地を鎮座の地と定めた。その時の苦労を偲《しの》んで浜下りが始まったとされる。

後年、朝鮮出兵や関ヶ原の合戦から無事に帰還した島津義弘は、ことのほか当社を崇敬していて、祈願成就を感謝して神輿を寄進し、帖佐に居館を構えた際に、この行事を再興したとされる。行程としては、了清が本宮石清水八幡宮より御分霊を勧請の際、最初の着船地となった帖佐松原の浜まで御神幸祭を行った。

その後、一時途絶えていたが、寛延《かんえん》二（一七四九）年に氏子等の協力により、これを再興し旧に復したという記録が残っている。

しかし、それもまた、戦後の混乱で途絶えていたが、平成十二（二〇〇〇）年、関ヶ原合戦四百年を記念して住民らが復活させ、現在に至っている。

行列は山頂の八幡神社からではなく、義弘が居館としていた屋敷跡に建てられた稲荷神社から、神事を行った後、御神体を祭った神輿とともに出発する。

保存会メンバーらの武者行列や、帖佐小学校児童らの稚児行列、かみしも姿、白丁（白装束）など百人近くが、大ほこ、笹箒、幟、賽銭箱を携え、三十町や西餅田、東餅田などを進み、同市西餅田の御門《みかど》神社までの約七キロメートルの行程を勇壮に練り歩くものである。

なお、この帖佐八幡浜下りは、始良市の無形民俗文化財にも指定されている。（「南日本新聞」、「朝日新聞」、『鹿児島大百科事典』、『古事記』、『広辞苑』、『日本の大神社総本社名鑑』…以上鹿児島神宮　『ふるさとのお社』、『三国名勝図会』、『南日本新聞』…以上八幡神社）

六、天狗と獅子の攻防、勇壮な「古田獅子舞」

豊受神社（西之表市古田）

西之表市街地から県道76号線（野間十三番西之表線）を中種子に向かって進むと、車で十分ほどで古田《ふるた》に着く。古田の駐在所を少し過ぎた左側に中央公民館があり、その公民館の左の路地を進むと右に豊受《とようけ》神社の鳥居が見えてくる。その神社境内で、十月の第三日曜日に「古田獅子舞」が奉納されている。

この舞も平成十六（二〇〇四）年四月二十日に、県の無形民俗文化財に指定されている。

《大正三年に当地に、大分県から伝来して以来、約九十年、地区の氏神豊受《とようけ》神社の秋祭りである「願成就《がんじょうじゅ》祭り」に奉納し、伝承されてきた。

二人立ちの獅子、天狗、二匹の小猿、十余名の笛吹、二人の太鼓打ちなど総勢十八～十九名で奏楽して舞う勇壮な獅子舞である。

獅子と天狗が激しく闘い、「ホース」という掛け声を発して気合いを入れ、緊迫感を出す。後半、獅子は弱まるが、最後に蘇り引き分けの形になる。

獅子の姿態、舞の構成、舞方、奏楽、呪術性など県内には数少ない獅子舞の中で、注目すべき点が多い。

大正初めに大分から伝えられた芸能でありながら、九十年を経てすっかり土着したことは、外来芸能の受容と変化の問題を考察する上で、貴重である。≫

と、その呪術性や貴重性が指定の理由となっている。

ところで、前記のようにこの「古田獅子舞」は大分県から伝来したとされているが、もう少しこれを補足すると、明治末期（四十年とも）大分県から椎茸栽培のために移住してきた川野幸太郎、石井又蔵の両氏が、その故郷（大分県津久見市上青江の平岩地区）で伝えられている獅子舞を古田の地区民に教えた。それが大正天皇のご即位を記念して大正三（一九一四）年に当社に奉納されて以来、今日まで伝承され、現在は青年団が保存し、秋祭（願成就）の時に舞われている一同は、まず、神社の入口から笛吹き、太鼓、天狗、天狗につく猿、獅子、獅子につく猿の順に笛や太鼓の囃子に合わせて入場してくる。神社拝殿の前まで入場すると、一礼して舞が始まる。最初に天狗が獅子を茶化すような仕草を見せると、男性二人で操る獅子が怒って荒々しく天狗に襲いかかる。激しい攻防の争いが続き、そのうち天狗が負けてしまう。しかし、やがて天狗は再び活気づき、腰に差した刀と右手に持った軍配を上手に操って獅子を翻弄していく。そのうち獅子が力尽き、天狗に降参して舞は終わる。

こうした争いの傍らで、天狗と獅子に一匹ずつついた、道化役を担う猿が、天狗と獅子それぞれの動作を真似したり、時には猿どうしが取っ組みあったりして、見物人を笑わせ楽しませてくれる。

獅子舞は、およそ十三分で終わるが、舞が済んだ後、獅子から頭を噛んでもらうと、乳幼児が病気もせず元気な子になるということで、親が子供を差し出す。びっくりして泣き出す子も多く、また、大人でも無病息災を願い、獅子に噛んでもらうこともある。（「鹿児島県教育委員会ホームページ」、「種子島の郷土芸能・獅子舞」、『ふるさとのお社』、「南日本新聞」）

七、関ヶ原の戦を偲ぶ「妙円寺詣り」

徳重神社（日置市伊集院町徳重）

明くれど閉ざす雲暗く　　薄《すすき》かるかやそよがせて
嵐はさっと吹き渡り　　万馬《ばんば》いななく声高し

今から五十数年前、筆者はこの歌を歌いながら、同僚数人と鹿児島市の水上坂《みつかんざか》を上り、約二十キロメートル先の伊集院町を目指したことがある。妙円寺詣《みょうえんじ》りであった。

当時は今のように北部清掃事業所や産業廃棄物処理場などはなく、横井付近までは人家も疎《まば》らな全くの田舎道であった。もちろん細い道で舗装などはしてなく、運動靴を通して足裏に響く土の感触が懐かしく思い出される。

この「妙円寺詣り」は藩政時代から続く鹿児島三大行事の一つである。

慶長《けいちょう》五（一六〇〇）年、徳川家康率いる東軍と石田三成を中心とする西軍が天下を争った関ヶ原の戦いで、島津義弘は西軍についた。旧暦九月十五日朝、西軍八万四千人、東軍七万四千人がぶつかって大戦闘になった。西軍やや有利の時、松尾山にいた小早川秀秋の軍が寝返り、西軍の背後を襲ったことによって西軍は総崩れとなった。

島津義弘は生き残った一千人余りの兵たちと一団となり、敵軍の真ん中を正面から強行突破し、血路を開いて危うく逃れることができた。三日三晩追っ手と戦い、山中を駆け抜け、関ヶ原から大坂（昔の地名は大阪ではなく大坂）までの二百数十キロメートルを踏破し、堺から脱出して薩摩に帰り着いた時にはわずか八十人余りとなっていた。その時の辛苦を偲《しの》んで、いつからともなく鹿児島の城下侍たちが合戦開始の前夜、鎧、兜に身を固め、往復四十キロメートルの道のりを、夜を徹して義弘の菩提寺である妙円寺に参拝し始めたのが、この行事の起こりだといわれる。士族たちによって行われていた参拝は、明治になって鹿児島の十七学舎（注）が引き継ぎ、ホラ貝やラッパを吹き流しながら鎧、兜姿で行進していた。

しかし、第二次大戦後、軍国主義的色彩があるといわれ、一方戦災やアメリカ占領軍による刀剣没収などで甲冑や刀剣が不足し、一時衰微したが、昭和二十六（一九五一）年に武者行列が復活すると参拝客も増えていった。

現在は鹿児島市の照國神社をスタートする「妙円寺詣りふぇすたウォークリー」には千人以上が参加する、などといったように「歩こう大会」的な祭りになり、心身の鍛練を兼ねて鹿児島市や日置市、薩摩川内市などから小中高校生やグループ、家族連れなどがピクニック気分でやってくる。こうした〝歩く祭り〟は全国にも例がないという。

ところで、徳重神社参拝なのに、なぜ「妙円寺詣り」なのだろうか。

徳重神社の祭神は前記島津義弘であるが、もともとこの地には義弘の菩提寺妙円寺が建てられていた。

妙円寺は伊集院城主島津忠国の第十一子石屋真梁禅師《せきおくしんりょうぜんじ》が諸国遍歴の折、長門《ながと》(今の山口県の一部)の国主の娘の霊を弔った縁から、帰藩するとその国主の請願で娘(法名・妙円大姉)の菩提寺としてこの寺を開山した。

一方、義弘は伊集院一宇治城《いちうじ》で十六歳まで過ごし、この地を大変愛していた。そのようなことで妙円寺を自分の菩提寺と定めたのである。

しかし、明治二(一八六九)年十一月、廃仏毀釈《はいぶつきしゃく》によって妙円寺は廃止され、その跡地に徳重神社が建てられ現在に至っている。「妙円寺詣り」の呼び方は昔のまま残り、参拝先が徳重神社なのはそのような理由からである。

その後、妙円寺は徳重神社の近く百五十メートルほどの所に再建されている。

この「妙円寺詣り」は毎年十月第四日曜日の例祭日に合わせて、その前日から行われている。両日とも、実に多彩な演目の奉納行事があり、中でも「徳重大バラ太鼓踊り」「大田太鼓踊り」「伊作太鼓踊り」などが人々の目を引く。いずれも県の無形民俗文化財に指定されているものである(詳細は太鼓踊りの項参照)。

やがて宵闇が迫るころ、伊集院の武者行列保存会のほか、各地の学舎連合の鎧武者や稚児《ちご》行列が続々と境内に入ってくる。「妙円寺詣り」の中心行事で、その姿は遙か昔をありありと思い起こさせるものがある。

両日とも午前十時からの開始で終日賑《にぎ》わいを見せ、例年十万人を超す人出を記録している。

徳重神社はＪＲ伊集院駅から北方三百メートルほどの所にあり、祭りの日は人々の流れについて行くと、極めて分かりやすい場所にある。（『ふるさとのお社』、「南日本新聞」『かごしま四季を歩く（秋・冬編）』、「妙円寺詣りパンフレット」）

第21図　鎧武者たち

（注）明治維新によって封建制度が崩壊しても、武士の地域的な錬成教育であった郷中教育《ごじゅうきょういく》（薩摩藩の独特な青少年教育のこと。郷中とは方限《ほうぎり》の意味で、もともとは区域を指すのであるが、江戸時代には同じ区域の青少年の錬成を目的とした団体をいった）の伝統は一挙に葬り去られるものではなかった。新しい学制によって発足した当時の学校は未だ不備なところが多く、その不備を補うために郷中教育の伝統を受け継ぐ鹿児島独特の新しい教育形態として学舎教育が生まれた。初めは士族の子弟のためのものであったが、後に平民の学舎も設けられた。舎生の年齢は学齢以上二十二、三歳までの男子とし、学校の放課

後学舎に集まって一時間くらい学習した後、遊技や運動に打ち興じ夕食に帰宅した。十五歳以上は夜また学舎に集合し、学習討論した。(『鹿児島大百科事典』)

八、平家の落人伝説「諸鈍シバヤ」

大屯神社(大島郡瀬戸内町諸鈍)

大島郡瀬戸内町古仁屋《こにや》から南の海を眺めると、すぐ近くに加計呂麻島が視界一杯に横たわり、島の東端、諸鈍地区に大屯《おおちょん》神社が鎮座している。

創建年代は明らかでないが、境内には文政《ぶんせい》十一(一八二八)年建立の平資盛《たいらのすけもり》卿の墓碑が現存している。鎮座地の「諸鈍」は卿が配下の者に「ここまでは追っ手も来ないだろうから、諸公は鈍になれ(安心せよ)」といわれたからと伝えられ、平家の落人伝説が色濃く残っているところである。

この神社では、国の無形民俗文化財に指定され、全国的にも有名な「諸鈍シバヤ」が、毎年旧暦の九月九日に奉納されている。

言い伝えによると、この「諸鈍シバヤ」は文治《ぶんじ》元（一一八五）年、壇ノ浦の戦いに敗れ落ち延びた平資盛一族が、加計呂麻島の諸鈍に居城を構えた時、卿を慰めるために始められたという。「シバヤ」は「芝居」と書き、青柴（椎）の木枝で囲まれた楽屋のことで、狂言や風流踊りなどの特徴から、四、五百年前に諸鈍が海上交通路の重要地点として栄えた頃、中国や大和、琉球などから伝わったものが、一つの村芝居としての祝福芸能となったと思われる。

ところで、右に述べたように、この「諸鈍シバヤ」は国の無形民俗文化財に指定されている。

《奄美大島の南に大島海峡をはさんで東西にのびる加計呂麻島の東南部にある瀬戸内町諸鈍で伝承されている民俗芸能である。旧暦八月十五日の豊年祭と、旧暦九月九日の大屯神社の例祭に公開される。大屯神社は諸鈍の鎮守神社で、平家の落人平資盛をまつると伝えられている。

踊りはイッソーから始まる。鉦・太鼓・三線（三味線）を先頭に、踊り人たちが行列をつくって、大屯神社境内にシバ（木の枝）でつくられた楽屋に入る。次に楽屋から長者の大主といわれる老翁が現れて祝福の口上をのべ、終ると次々に紙の面をつけ黒い衣、白の股引をつけた踊り人たちによって「サンバトウ」（三番叟）、平敦盛をしのぶ「ククワ節」、『徒然草』の作者吉田兼好を題材とした「ケンコウ節」、座頭の川渡りを表現した「ダットドン」、美女玉露カナの物語を扱った「玉露カナ」という人形劇や「タカキヤマ」、「スクテングヮ」などが演じられる。

奄美各地に伝わる豊年祭の芸能が基底となり、大和の能狂言、沖縄の芸能などが加味されて成立

した野外劇である。》

と、南の琉球と北の大和の文化が融合されたところに特徴があるとしている。

ところで、この諸鈍シバヤは明治初期、奄美大島での興行が成功して徳之島に進出したが、これが失敗。道具を売り払って帰り、一時途絶えていたが大正期に復活した。その後戦時中の中断を挟み、昭和三十一（一九五六）年から再び上演されるようになっている。（『鹿児島ふるさとの神社伝説』、『ふるさとのお社』、「鹿児島県教育委員会ホームページ」、『かごしま四季を歩く（秋・冬編）』、「朝日新聞」）

九、乙女が静かに舞う甑島の「内侍舞」

八幡神社（薩摩川内市里町里）

川内港から高速船に乗り、甑島へ向かうと約五十分で里港に着く。この里港のすぐ近くに八幡神社が鎮座している。当神社では、今では県下でも珍しくなった内侍舞《ないじ》が舞われている。

≪旧暦九月十八日夕方から十九日午前中の里村八幡神社の秋の大祭で奉納される。祭典では、拝殿入場、開扉、献饌、祝詞、玉串奉奠等に続き、神楽太鼓の音とともに内侍舞が行われる。内侍はマチジョウまたはマツジョウと呼ばれるが、毎年、当番の小組合の中から中学三年の女子を神籤で選ぶ。

舞には、鈴を持って手をあげて前進する型、鈴を振りながら両手を大きく三回まわす型、鈴を両手に持って前進する型などがあるが、すべて一定の決まった型である。また、内侍は平常心のままで舞い、神がかりするようなことはなく、あくまで神楽に合わせて一定の型を静かに舞う。内侍舞の後、直会（オミキビラキ）、撤饌、閉扉、慰労会と続くが、直会の料理や作法は古式にのっとって行われ、これも注目される。

甑島の内侍舞は、内侍がわが身に神を降ろし、その喜びを舞で表現する趣旨の神事芸能である。内侍舞は、かつて薩摩本土各地にあって神舞の前に必ず舞われたが、今では大方が消滅してしまった。甑島の内侍舞は、その本来の形式と内容を伝承する貴重な芸能である。≫

と、この舞が古式を伝承する貴重な芸能であり、それが県の無形民俗文化財に指定される理由となっている。

ところで、県指定内容の中にあるマチジョウまたはマツジョウに相当する漢字は不明であるが、

「内侍」と書かれているところから、まず、その内侍について見ておきたい。

時代は遙かに遡《さかのぼ》って、八世紀初頭の大宝・養老律令で制定された後宮十二司の中の一つに内侍司《ないしし》（あるいは「ないしのつかさ」ともいう）があり、その内侍司に尚侍《ないしのかみ》、典侍《ないしのすけ》、掌侍《ないしのじょう》などの女官がいて、常に天皇の身辺に奉仕し、天皇への上申や天皇からの下達（上の者の意思や命令を下の者に通すこと）事項の取り次ぎなどを行っていた。

これら女官の中の掌侍をとくに内侍といったが、そのほか、齋宮《さいくう》（注）にも内侍がおり、また、「厳島内侍」などと神に仕える巫女も内侍を称する場合もあった。

ということから、当神社で使われている内侍は、内侍司のそれではなく、厳島内侍と同様に、神に仕える巫女の意味で用いられているものと見て差し支えなかろう。

この内侍舞は当神社のほか、甑島神社（旧九月八、九日）、春日神社（旧九月四、五日）、住吉神社（旧九月五、六日）でも奉納されている。（「鹿児島県教育委員会ホームページ」、『日本歴史大事典』、『日本史広辞典』、『ふるさとのお社』）

（注）古代～中世に天照大神の御杖代《みつえしろ》（大神・天皇などに、その杖代わりとなって奉仕するもの）として伊勢神宮に奉仕した未婚の皇族女性を伊勢齋王というが、その齋王の住む宮のことで「さいぐう」また「いつきのみや」ともいう。

十、大人が街を練り歩く「弥五郎どん祭り」

八幡神社（曽於市大隅町岩川）

十一月三日の午前一時、触れ太鼓とともに、若者らが「弥五郎どんが起きっど」と町中に触れ回る。この触れ回りで、曽於市大隅町岩川八幡神社の「弥五郎どん祭り」が幕を開ける。

午前二時、弥五郎どんの組み立て開始。「弥五郎どん」は竹カゴ編みの胴体に二十五反の梅染めの着物を白い帯でくるみ、大小の刀を差した身の丈四・八五メートルの大男である。拝殿で組み立てられたこの巨体を、次に狭い入口から境内に引き出さねばならぬが、巨体であるだけにそれは困難を極める。あれこれ試行錯誤しながら三十分ほどかかってやっと引き出し完了。民俗学者は、これを「隼人の首領」の霊を復活させる出産の儀式ではないかと言う。神の子宮《しきゅう》（拝殿）で育った首領が、地上（境内）に再生する様子を表しているというのだ。

午前四時になると、弥五郎どんに綱を付けて引き起こす「弥五郎どん起こし」が行われ、夜明け前にかかわらず多くの住民が参加する。この弥五郎どん起こしに参加すれば、身体が強壮になり、運気が益々目出度《めでた》くなるといわれているからである。

第22図　大人《おおひと》弥五郎どん

夜が明けそめる午前六時になると弥五郎どんは台車の上に立ち上がり、ギョロリとした眼で周囲を睨《にら》みつけ威勢を示す。

こうした手順を踏んで、いよいよ浜下り神事へと移って行くが、まず午前十時に神殿で玉串奉奠《ほうてん》などの神事が行われたのち、十時半になると境内で大隅弥五郎太鼓奉納演奏が始まる。直径二メートルはあろうかと思われる大太鼓（一台）に中太鼓十台ほど、それに笛、小太鼓が加わる。大・中太鼓はさすがに男性、しかし笛・小太鼓の大半は女性によって演奏され、ズシンと腹に響く勇壮な音に人々は引き込まれ、一曲終わるごとに大きな拍手が起こる。

暫く時間が過ぎた午後一時、花火の合図とともにこの祭りのメインイベントである浜下り（御神幸）が境内を出立して行く。子供たちが引く弥五郎どんを先頭に、宮仕《みやだち》・前行・御神輿・供奉《ぐぶ》と行列が続く。この中の宮仕とはその昔、石清水八幡宮から当社を勧請《かんじょう》したとき、随行してきた十人あまりの社人のことで、その後の浜下り行事で幟旗・威儀物を捧持して御神輿の前導役を務める栄誉が与えられた人たちである。今でもその役は宮仕の末裔《まつえい》が担っているそうだ。

浜下り一行は午後二時ごろ、御旅所に到着するが、その途中一つの難関が待ち構えている。行列は国道269号線のバイパス高架橋下（JA前交差点）を通らねばならないが、なにしろ台車を含めて五メートルを超える高さなので、頭が橋桁に引っかかってしまう。通り抜けるにはどうしても体を縮めなくてはならない。そこでフィギュアスケートのイナバウアーよろしく、支え棒に助けられながら体を後ろに倒して行く。倒した体を慎重に進め、時間をかけてくぐり抜ける。くぐり終わったところで元の体に戻すが、沿道を埋めた大勢の観衆（数千から一万人ともいわれる）はそれを見て大きな拍手で讃える。

御旅所では、地域の平安と繁栄を祈願する神事が行われ、その後御神輿は帰路に着かれる。見物客が溢れる中を押し分けながら、午後四時ごろ八幡神社に到着となる。そして、弥五郎どんは五日までの三日間、拝殿前に安置される。

当日は神社前から県道沿線両側に露天市が所狭しと立ち並び、焼きイカの匂いや綿菓子の甘い香りなどが辺りに漂う。また、相撲・剣道・柔道・弓道・空手などの奉納武道大会が、それぞれ設けられた会場で繰り広げられ、さらに演芸大会や市中パレードなどもあって祭りの賑やかさを一層盛り上げる。

この弥五郎どん祭りは昭和六十三（一九八八）年三月二十三日、県の無形民俗文化財に指定されている。これまで述べてきたところとかなりの部分で重複するが、その指定の理由を次に掲げる。

≪この祭りは、十一月三日の午前二時ごろから始まるが、・起こし太鼓、・弥五郎どん組立て、・弥五郎どん起こし、・浜下りからなっている。

浜下りは、高さ四・八五メートルの大人形の弥五郎どんを先払いとして、大傘・大幣を持った神職、八幡神社神旗、笛・太鼓の楽、旗をつけた矛、天狗の面のついた矛・弓・矢・幟、神輿、宮司、氏子の順で進む。

竹で編まれた胴体をもつ四・八五メートルの大きな人形（胴体部分の竹カゴ及び衣装は四年に一回造りかえる）の登場する祭礼は、県内では数少ないものである。

天保《てんぽう》十四（一八四三）年に編さんされた『三国名勝図会《ずえ》』の中に「祭祀十月五日、其日華表《とりい》より、一町許《ばかり》距《へだた》れる処に浜下の式あり、大人の形を造って先払とす。身の長《た》け一丈六尺、梅染単衣《ひとえ》を着て、刀大小を佩《お》び、四輪車の上に立つ、此人形は、土人伝へて大人《おおひと》弥五郎といひ……」とあることから、この祭りは古い歴史をもっていることがわかる。

毎年、十一月三日、岩川八幡神社の秋祭り（通称ホゼ）で公開している。（振り仮名：筆者）≫

と、竹で編まれた胴体をもつ大きな人形の登場する祭礼が、県内では数少ないものであるところに特徴があるとしている。

ところで、弥五郎どんとは一体どんな人物なのか、それについては、武内宿弥《たけのうちのすくね》説や隼人族首領説（A大隅隼人大人弥五郎説　B熊曽健《くまそたける》説）などがあるが、この中の武内宿弥説が岩川では一般に信じられている、と『大隅町誌』には書かれている。

武内宿弥は応神《おうじん》、仁徳《にんとく》、仲哀《ちゅうあい》の三人の天皇に仕えた老臣で、応神、仲哀天皇がこの八幡神社の祭神として祀られているところから、先導役として浜下りの先頭に立つのだという。しかし「三帝と武内宿弥との関係から一応もっともと考えられるが、岩川八幡の祭神の一人になっているのでその先払いというのは一寸おかしい」と右の『大隅町誌』の中で指摘されている。つまり、武内宿弥も応神、仲哀天皇とともに、この神社の祭神の一人として祀られており、当然浜下りの御神輿の中に入っておられるので、その同じ人物が先払いになるのはおかしいというのだ。もっともな指摘と言えるが、「じゃあ弥五郎どんは一体誰なんだ。どんな人物だろうか」と、あれこれ想像を巡らせるのも、当否は別にして、また古代史探究の一つの楽しみといえよう。

なお弥五郎どんは三人兄弟で、いつの頃からか人形たちは〝**弥五郎三兄弟**〟と呼ばれている。長男は都城山之口町の的野正八幡神社、三男が日南市飫肥《おび》の田ノ上八幡神社で、当神社は二男である。いずれの神社でも巨人人形祭り「弥五郎行事」が行われている。

三兄弟の順番は、神社の創建順などによるらしく、「長兄」とされる山之口弥五郎どんは、朱面の険しい形相《ぎょうそう》で、身の丈約四メートル。岩川八幡神社と同じ十一月三日に古式ゆかしく浜殿下り行列がなされている。

日南の「三男」弥五郎どんは、十一月二十三日に姿を現す。高さ約七メートルと兄弟で一番大きく山伏のようだ。ひげのある朱面に烏帽子をつけ、槍を持つ。

ちなみに、当岩川八幡神社の弥五郎どんは、平成四（一九九二）年七月、バルセロナ五輪を記念してスペインで開かれた巨人万国博覧会に日本代表として参加した。その縁で今でも、はるばるスペインから新聞記者などが来場し、祭りの模様などをカメラに収めている姿が見られる。（『大隅町誌』、『ふるさとのお社』、「南日本新聞」、「八幡神社パンフレット」、「鹿児島県教育委員会ホームページ」）

十一、神代の昔が蘇る「神舞」あれこれ

湯之尾神社（伊佐市菱刈川北）
熊野神社（志布志市有明町蓬原）
南方神社（阿久根市波留）
大宮神社（薩摩川内市入来町浦之名）

神楽と神舞

わが国では、神に奉納するために奏される音楽や舞のことを総称して一般に神楽《かぐら》と呼んでいるが、鹿児島県では、それらを区別して、神前における笛や太鼓だけの奏楽を神楽と称し、舞を伴いそれを主とする場合は神舞（カンメ）というのが通例となっている。その神舞について述べるのが本項の主題であるが、その前に、まず神舞も含めた通常の神楽について説明を加えておきたい。

神楽の語源は神座《かむくら》が転じたものとするのが一般的であるが、それは神の降臨の場の前で舞楽を行ったことに由来し、記紀（『古事記』と『日本書紀』）神話の天岩屋戸《あめのいわやと》の段で、天宇受売命《あめのうずめのみこと》（天鈿女命）が神がかりして舞った舞がその起源とされている。

すなわち天照大神《あまてらすおおみかみ》が、弟神・素戔嗚尊《すさのおのみこと》（須佐之男命）の粗暴な振る舞いに怒って、天の岩屋にお隠れになった。すると、高天原《たかまがはら》はもとより葦原中国《あしはらのなかつくに》（日本の本土のこと）までもすっかり暗くなってしまった。困った神々は、何とかして天照大神を天の岩屋から引き出そうといろいろ工夫した。その一つとして、天宇受売命が天の岩屋の戸の前に桶を伏せて踏みならし、神がかりして胸の乳を露出させ、着物を腹の下まで押し下げて舞を舞った。すると、それを見た神々が大笑いし、笑い声が天の岩屋の中まで響いてきたことで、天照大神は何事だろうと天の岩屋の戸を少しばかり開いて外を見た。そこをすかさず天手力男命《あめのたぢからおのみこと》が力を込めて戸を開き天照大神を外に連れ出した。高天原、葦原中国ともに元に戻って明るくなった。

こうした神話に基づいて神楽が舞われるようになったのである。

現在、神楽は全国各地でさまざまな形態のものが行われているが、大きく分けて宮中の御神楽《みかぐら》と民間の里神楽に大別できる。ただし、その詳細を述べると、あまりに煩雑に過ぎるので、ここでは割愛することにする。

鹿児島県でも多くの神社でさまざまな形で神楽（＝神舞）が舞われているが、その中で伊佐市菱刈の湯之尾神社、志布志市有明町蓬原《ふつはら》の熊野《くまの》神社および阿久根市波留の南方《みなみかた》神社の三社それぞれの神舞が、県の無形民俗文化財に指定されているので、それらについてここでは記述する。さらに、県指定の無形民俗文化財ではないが、国歌「君が代」発祥の地とされている薩摩川内市入来町の大宮神社についても触れてみたい。

湯之尾神社（伊佐市菱刈川北）

伊佐市菱刈湯之尾温泉の近くの湯之尾小学校に隣接して建っている当神社では、毎年十一月二十三日の豊祭（ホゼ祭り）の日に神舞が奉納されている。

県は、無形民俗文化財指定の理由として、次のように、ほかの神社に比べて舞や楽の多いことをあげている。

≪この神舞は、岩戸神楽系で、舞庭を清める舞い、無病息災と国土安穏を祈願する舞い、五穀豊穣を祈る舞い、神話または説話的要素をもつ演劇的な舞いで構成される。

神舞の種目としては二十一種目があり、舞いの数の多さの面からもすぐれている。また、楽が十三曲伝承されている。十三曲の楽を伝承している神舞は少ない。

古い歴史をもつものであることが、寛延四（一七五一）年の『神舞書』で確認される。

他の神舞に比して、それぞれの舞いがしっかりしており、代々主として家筋により継承されている。

演技中に先輩たちが観客席から声援を送ったり、批評するなど、演技者と観客が一体化した里神楽特有の雰囲気をもっている。
三年ごとに、十一月二十三日、湯之尾神社の秋祭りに公開している。》

第23図　神舞の一場面

ただし、現在は指定当時（昭和六十三年三月二十三日）といくらか事情が異なり、舞の数は二十一番ではなく二十六番に増えている。さらに以前はもっと多く、夜を徹して三十五番舞われていた、というのが神社側の説明である。

また、「代々主として家筋により継承されている」とあるが、これも、近年過疎・高齢化が進み、後継者がいなくなったため保存会が作られ、その人々が習い継いできている。「祭りの時には協力を頼み、五、六十人が手伝ってくれる」ということだ。

十月に入ると毎晩、神社横の公民館で練習するが、午後六時ごろから、年配者らの指導で小学生が練習を始め、夜になると青年たちも加わってくる。小学生の多いことも湯之尾神舞の一つの特徴となっている。

さらに、経費等の都合で、昭和五十五（一九八〇）年から一時、本祭は三年に一度としていたが、今は本祭以外の年にも十二、三番が舞われ、全種目の二十六番が舞われるのは、三年ごとの神舞大祭の時である。筆者が参観した平成二十六（二〇一四）年がその年に当たっていた。

午後四時から神事が始まり、その後、神舞が奉納されるが、境内にはかがり火が焚かれて幽玄な雰囲気を醸《かも》しだし、また、ドラム缶にも火を焚いて寒さ休めの手助けをしてくれる。拝殿前では焼酎や甘酒が振る舞われ、焼酎の酔いが回った見物人から掛け声がかかると、舞にも一段と力が入る。本祭の場合は、翌日の午前二時ごろまで舞は続く。

ところで、神楽が、宮廷の「御神楽」と民間の「里神楽」に大別されることは前に述べたが、湯之尾神舞は、後者の里神楽に属し、肥後と日向の両国にまたがる九州中央山岳地帯の高千穂を中心に伝承された神楽で、日向地方の影響を受け伝わった日向神楽の系統といわれている。この湯之尾神舞の起源は詳《つまび》らかでないが、延徳《えんとく》年間（一四八九〜九二年）ごろと推定されているので、今から五百二十年ほどの歴史を持つことになる。（「鹿児島県教育委員会ホームページ」、「南日本新聞」、『かごしま四季を歩く（秋・冬編）』、「湯之尾神社神舞保存会発行パンフレット」）

熊野神社（志布志市有明町蓬原）

志布志市有明町蓬原《ふつはら》の蓬原小学校近くに鎮座する熊野《くまの》神社では、十一月二十三日の秋の例祭で神舞が舞われる。午前の神事が終わると、午後から神社脇の「舞の庭」で舞が始まる。延宝《えんぽう》七（一六七九）年に書かれた神舞書が現存していることから、それ以前から舞われていたとされる。鬼神面、翁面など十六の面が残されていて、うち二面には元禄《げんろく》三（一六九〇）年の銘があり、ほかの面もこの頃作られたと見られる。

この熊野神社の神舞は昭和五十四（一九七九）年三月、県の無形民俗文化財に指定された。

《有明町蓬原の熊野神社に伝わる神舞は、今もなお三十三番（三十三種目）の舞を伝えており、舞庭の荘厳（飾りつけ）も詳細に伝承されていて注目される。

まず舞庭は三間（五・四メートル）×三間の広さにしめ縄で仕切り、その一方に鳥居をたてて花道をつける。鳥居の対面には神棚をつけ、そのそばに十一メートル余のデフ柱（大法幣柱）を立てる。デフ柱の頂きには幣串・扇などを飾りつける。正面に向って左側にビャッケ（白蓋）という大きな笠状のものをさげ、そのそばに紙張りの鳥をさげる。

舞は、一番舞、幣舞、地割、山舞、宇治、矢抜、幣抜、踏剣……と続き、日向系統のものが多いが、中には箕舞や田の神舞など南九州独特の舞もある。

全体が洗練された格調高い舞で、鹿児島県内でもっともたくさんの種目を伝承している。》

と、洗練された格調の高さと県内一の演目の多さが指定理由となっている。

この神舞もご多分に洩れず一時途絶えていたが、昭和四十六（一九七一）年に結成した保存会が復活し、現在も地域ぐるみで継承している。

なお、神舞の一つ「田の神舞」の衣装は、専門家から「貴重なものだ。絶対に洗濯してはいけない」と言われたため、神舞保存会では「陰干しして大切に保管している」ということである。

ところで、この熊野神社の神舞は、十一月二十三日に実施されているが、本書の「はじめに」のところでも書いているように、当日は県内各所の多くの神社で大祭が行われ、伝統行事が奉納されている。それらのすべてを見て回ることは場所的、時間的に不可能で、この熊野神社の場合も例外ではなかった。そこで、次のカッコ内に記載した諸資料に基づきこの項目を編集したことをお断りしておきたい。（『かごしま四季を歩く（秋・冬編）』、「鹿児島県教育委員会ホームページ」、「南日本新聞」）

南方神社（お諏訪様《すわさん》）（阿久根市波留）

≪阿久根市波留の南方神社では、旧暦七月二十八日の例祭当日、八年目ごとに神舞が奉納されることになっている。これは、江戸時代に波留村の庄屋が八年目ごとに交替するのでその時を期して、五穀豊穣を祈って開催されたもので、この時は地頭も臨席して観覧したものだという。

神舞に出演する者は、一週間前から家族といっさい交渉を断ち、宮篭りして稽古をするという厳しいきまりが伝えられている。

演目は「神降し」、「瓶舞」、「弓舞」、「剣舞」、「田の神舞」、「将軍舞」、「鬼神舞」の七種目で、数は少ないが洗練された舞で整然と演じられる。この神舞は瓶、剣、弓などの様々なとり物で祭場を清め、天岩戸を開いて天照大神の来臨を乞うといういわゆる天岩戸神楽の系統のものであるが、その中でも服装や舞い方に独特なものがある。》

というような特色があるところから、県はこの神舞を昭和四十三（一九六八）年三月二十九日、無形民俗文化財に指定している。

この舞の起源は定かでないが、使われる鬼神面は宝暦《ほうれき》年間（一七五一～六四年）の作とされるので、古くから舞われていることは間違いない。

指定理由の中にも述べられているように、この神舞は、天の岩戸に隠れた天照大神が外に出てくるまでを七つの舞で描く神話劇である。すべてを舞う本奉納は原則八年ごとに行われるが、平成七（一九九五）年を最後に途絶えていた。

踊り手は集落内の若い男性で、奉納前の一週間、境内に籠もり、家族との接触を断って練習するしきたりがあり、幾度か復活を目指したものの踊り手は約三十人、奉納はほぼ一日に及ぶというところから踊り手が集まらなかった。そこで伝承のため、保存会が二、三種を舞う仮奉納を毎年続けていたが、これも平成二十一（二〇〇九）年から行われていない。

保存会は、踊り手確保を優先し、宮ごもり期間を半分の三泊四日に短縮、年齢を「中学生から四十歳程度」と上限を引き上げた。

こうしたことが功を奏し、八年ごとの本奉納は平成二十四（二〇一二）年八月二十六日に再び復活し（この日は旧暦の七月二十八日ではなく七月九日であったが、日曜日で開催に都合のよい臨時的なものだったと思われる：筆者注）、陽の目を見ることになった。しかし、毎年の仮奉納開催は、依然《いぜん》前途多難のようである。

この神社は阿久根市役所の東、阿久根中学校と山下小学校の、ほぼ中間のところに位置している。

（「南日本新聞」、「鹿児島県教育委員会ホームページ」）

大宮神社（薩摩川内市入来町浦之名）

鹿児島市小山田町から、さつま町宮之城を経て出水市に至る国道３２８号線の途中、入来中学校のすぐ手前に大宮神社が鎮座している。道路脇の分かりやすい場所である。

当神社では毎年例祭日の十一月二十三日と大晦日から元旦にかけての二回、「入来神舞」が奉納されている。この神舞は鎌倉時代から踊り継がれており、古代入来隼人の隼人舞と、中世に当地の領主であった渋谷氏が伝えた雅楽、並びにその後流入した出雲神楽などが混和されて演劇的な入来神舞が生まれたと推測されている。

種目は三十六番あり、それぞれ五種の神楽曲のいずれかを使って舞われる。種目を大別すると、古代以来の攘災呪儀《じょうさいじゅぎ》的舞（巫女舞・火の神舞・剣舞等）、稲作儀礼に関する舞（杵舞、田の神舞等）、岩戸神楽舞（天の岩戸の神話劇）からなっている。そのうちの二十二番目「十二人剣《つるぎ》舞」の中で国歌「君が代」が歌われることから、国歌の源泉は入来神楽にあるとして、映画にもなって全国的に注目されるようになった。

そのことについてもう少し詳しく見てみよう。

「十二人剣舞」は、烏帽子・狩衣姿の大刀持ち十二人と、奇怪な黒面を付けた鬼神姿の一人とで舞われるものであるが、これは奈良時代の前後にかけて、隼人族が皇宮十二門の警衛に当たったことから十二人の剣士でもって、それらを表したものと見られる。この舞の中で『古今和歌集』に収録されている「君が代は千代に八千代にさざれ石の巌となりて苔のむすまで」という和歌（もっとも、古今和歌集では最初の句が「君が代は」ではなく「我が君は」となっている）が朗詠される場面があり、このことから国歌君が代の由来を入来神楽中に発見できるとして、昭和十一（一九三六）年九月、東京オールトーキーキネマ社によって映画化され、全国的に公開されて人々の注目を浴びるようになったという。

戦後になってからも、昭和四十九（一九七四）年七月、東京のＮＥＴテレビ（日本教育テレビ）の「題名のない音楽会」で「君が代考」の公開録画に出演し、東京渋谷公会堂で二千三百人の観衆を前に、君が代の入る「十二人剣舞」を演じ、それが全国放送された。その時、司会者の黛《まゆずみ》敏郎氏が解説の中で「明治の初め日本には国歌がなく、鹿児島県出身の大山巖元帥が『大宮神社の剣舞に君が代という歌がある。それを軍楽隊で演奏したら』といわれて演奏されたのが始まりだ」と紹介したことから、入来神舞は改めて脚光を浴びるようになった。

こうしたことで、時の入来町（現在は合併して薩摩川内市入来町となっている）教育委員会はこの神舞を入来町無形民俗文化財として昭和四十九（一九七四）年七月一日付で指定している。

十一月二十三日の例祭日は午前十一時から神事が始まり、その後、境内に作られた三間四方の舞場で「入来神舞」の奉納へと移って行く。（『ふるさとのお社』、『入来町誌（下巻）』、『かごしま四季を歩く（秋・冬編）』、「南日本新聞」）

十二、シャラッ、シャラッと独特の音が響く「錫杖踊り」

水天神社（伊佐市菱刈下手）

伊佐市菱刈の町から四キロメートルばかり北西の、羽月川が川内川に合流するあたりを下手《しもで》という。ここの下手は、その奉祀する水天神社（水天宮）と、新暦十一月二十八日に水天神社に奉納する錫杖《しやくじよう》踊りで知られている。

錫杖踊りを、通称「シャッジョ」という。これは後でも述べるように、永禄《えいろく》年間（一五五八～七〇年）、島津義久が北薩の豪族、菱刈隆秋を大口城に攻めた時、弟義弘が下手の水天神社に戦勝祈願をしたところ、たちまち霊験があって、城は落ちた。

他方、この戦勝に、使僧として功績のあった盛良法師を、義久が前目村黒坂寺の住職に用いたので、盛良はその返礼に錫杖踊りを創案し、戦勝および社殿寄進の祝典の折に、これを水天神社に奉納したという。その時以来、同神社の十一月二十八日の例祭に奉納するようになった。

全員男子で踊り、本来は虫追いなどお田植え踊り系統の芸能とされる。

この錫杖踊りは昭和三十七（一九六二）年十月二十四日、県の無形民俗文化財に指定されている。

その理由は次のようである。


《錫杖踊の由来は、永禄年間（一五五八～一五七〇年）に島津義久が北薩の豪族菱刈隆秋を大口城に攻めたとき、難渋したので、弟の義弘は水天神社に戦勝祈願をしたところ、たちまち霊験があって堅固な城も落ちた。義弘が水天神社に戦勝及び社殿寄進の祝典をしたとき、近くの黒坂寺の修験者盛良法印が創案したこの踊りを奉納したという。以来、同神社例祭（新暦十一月二十八日）の奉納踊りとなった。踊り手は男子青壮年十二人から十六人と歌い手二、三人で、服装は踊り手は紺がすりに白襦袢（下着）を着てもろ肌ぬぎ、白鉢巻に白帯をして垂らし、白足袋にワラジをはく。踊りは二列隊形で左手にカマ、右手に錫杖を持ち、歌い手がうたう歌に合わせて、錫杖をシャラッ、シャラッと小気味よく振り鳴らしながら踊る。修験山伏の影響をしのばせる踊りである。

第24図　錫杖踊りの山伏たち

〈参考〉
●錫杖とは　山伏（修験者）や僧侶が使う法具の一つで、頭部に大きな円環があり、それに数個の小さな環がついていて、振ると鳴る。毒虫や厄（悪霊）をはらう法具といわれ、柄の長い錫杖と短い手錫杖がある。錫杖踊に使うのは手錫杖のほうで、飾りに紙の切幣を三段につけて使う。〉

従来、同神社の例祭には錫杖、三尺棒、鎌手の三つの踊りが芸能保存会により、順繰りに奉納されてきたが、過疎・高齢化による人材難で、ここ数年、錫杖踊りだけが続いている、ということである。

ちなみに、さつま町紫尾に所在する紫尾神社の「金山《かなやま》踊り」は、名称が違うだけで、錫杖踊りそのものである。そのほか同じ「金山踊り」名称のものは南さつま市、串木野、加治木、そのほかにも広く分布し、踊られている。

ところで、この水天神社は須川原《すがわばい》水天社ともいい、もともと水神を祀ったものであるが、畜産の神としての信仰も篤《あつ》い。それは拙著『鹿児島ふるさとの神社伝説』にも書いているが、次のような伝説によるものである。

元文《げんぶん》年間（一七三六〜四一年）のこと、毎年十一月二十八日に一頭の白馬が神社を訪れてきた。いくら追い払っても立ち退かない。そこで、神官の内村加賀掾《かがのじよう》が「須川原水天」と書いたお守り札を白馬の鬣《たてがみ》に結びつけてやると、もと来た道を馳せ帰って行った。

実は、この白馬は鹿児島の吉野原にある島津藩の牧場からきた霊馬であって、牧場の馬が病気になったので、その平癒祈願《へいゆきがん》のために、参詣にきたのだという。無事治ったのはいうまでもない。その後十一月二十八日には、今は行われていないが、遠く吉野から鈴懸馬《すずかけうま》（踊り）を仕立てて参拝にくるようになったという。

こうしたことがあって以来、水天神社は馬頭観音ともいわれ、近郷近在の崇敬を集めるようになった、というのがその由来である。（『ふるさとのお社』、『菱刈町郷土誌』、『鹿児島の棒踊り』、「鹿児島県教育委員会ホームページ」、「南日本新聞」、『鹿児島ふるさとの神社伝説』）

参考文献

郷土史誌

『野田村郷土史』
『大口市郷土誌』
『菱刈町郷土誌』
『祁答院町史』
『川内市史』
『樋脇町史』
『入来村誌』
『入来町誌』
『串木野郷土史』
『日吉町郷土誌』
『吹上郷土史』
『金峰町郷土史』
『加世田市誌』
『指宿市誌』
『山川町史』
『東襲山郷土史』
『志布志町誌』
『末吉郷土史』
『鹿屋市史』
『大隅町誌』
『内之浦町史』
『大根占町誌』
『佐多町誌』
『西之表市百年史』
『中種子町郷土誌』

辞書・辞典類

『鹿児島大百科事典』　南日本新聞社

『広辞苑』　岩波書店

『日本歴史大事典』　小学館

『日本史広辞典』　山川出版社

『日本民俗大辞典』　吉川弘文館

その他の図書

『古事記』　新編日本古典文学全集［1］　小学館

『日本書紀』　新編日本古典文学全集［2］　小学館

『風土記』　新編日本古典文学全集［5］　小学館

『ふるさとのお社』　鹿児島県神道青年会編

『かごしま暦』　鹿児島県神社庁編

『三国名勝図会』　原口虎雄監修　青潮社

『日本の大神社総本社名鑑』　新人物往来社

『新薩藩年中行事』　浦野和夫　南方新社

『鹿児島の棒踊り』　下野敏見　南方新社

『かごしま四季を歩く（春・夏編）』　星原昌一　南日本新聞社
『かごしま四季を歩く（秋・冬編）』　星原昌一　南日本新聞社
『鹿児島ふるさとの神社伝説』　高向嘉昭　南方新社
『薩摩の豪商たち』　高向嘉昭　春苑堂出版
『デオドン（大王殿）再生事業調査研究報告書』　日置八幡神社
『地図でめぐる神社とお寺』　武光　誠　帝国書院
『船木神社由来考』　徳留秋輝
「北嶽（俗テコテンドン）について」　大園修吉述
「そ・お・ナ・ビ」　曽於市観光協会
『おいどんが村利永の今昔物語』　西村孝男編
『高隈を語る（第Ⅲ集）』　高隈を語る会
『ライヒライフ・吹上町のガイドブック』　博多和宏、平川渚　編集・総括
　同付録・「船木神社の御神体・模型船図鑑」
『柳田国男全集』　柳田国男　筑摩書房
『祁答院藺牟田郷誌』　牧山望　藺牟田郷誌刊行会
『稲作の神話』　大林太良　弘文堂

新聞

『南日本新聞』　参考記事多数のため掲載日付省略

『朝日新聞』　参考記事多数のため掲載日付省略

ホームページ

「鹿児島県教育委員会ホームページ」

インターネット記事

「鹿児島市中山町の虚無僧踊り」

「三宅美術館」

「三島村の八朔踊り」

「種子島の郷土芸能・めん踊り」

「種子島の郷土芸能・獅子舞」

「種子島久基」

※　各神社発行のパンフレット類は記載省略

おわりに

本書は「はじめに」のところでも触れたように、鹿児島県内の神社で実施されている祭りや伝統行事（以下、祭り等と略称する）について記述したものである。従って、それ以外の寺院や各地区で行われている数多くの祭り等は、残念ながら取り上げなかった。また、神社関係のものでも、紙数の都合で、鹿児島県が無形民俗文化財として指定したものを中心にして記述した。「あら、家の近所でもこんな祭りがあるのに」と思われる方があったら、そのような事情で割愛せざるを得なかったことをお許しいただきたい。

それはさておき、こうした祭り等については、これまでにもいろいろな資料や記録が残されており、また、インターネットで検索すれば動画なども再生することができて、容易にそれらの模様や内容を知ることができる。しかし、それだけでは、直接神社に出かけて参観したときほどの身に伝わってくる躍動感や臨場感、あるいは荘厳さとか、人と人との触れあいによる微妙な雰囲気、といったものは味わえない。できれば、やはり自分の目で見、体感されることをお勧めしたい。

いうまでもなく、祭り等はそれによって、それ自体だけでなく、饗応される料理や仕来り、あるいはそのほか、地域の文化といったものを、広く世に伝える機能を持つものである。ところが、最近の過疎化・高齢化・少子化は祭り等の存続を危うくし、そうした機能を喪失させようとしている。

各地域では、それなりの努力が払われてはいるが、より一層の対策を願いたいものである。

最後に、本書を編纂するに当たって、星原昌一著『かごしまの四季を歩く』から実に多くの項目で直接、間接に引用ないし借用させて頂いた。同氏へ感謝の意を捧げたい。

また、南日本新聞の記事についても同様である。

一人でも多くの方が、本書を一つの手がかりにして祭り好きになられれば幸いである。

鹿児島県民俗文化財一覧表

※この表は鹿児島県教育委員会ホームページをもとに作成した。
(2015年9月8日閲覧)
※本表の最左列「記載」欄の○印は、本書に記載されている祭りおよび伝統行事を示す。

無形民俗文化財

◆国指定

記載	名称	所在地	指定年月日
○	諸鈍芝居	大島郡瀬戸内町諸鈍	昭和51年5月4日
	甑島のトシドン	薩摩川内市下甑町手打・片野浦・青瀬・瀬々野浦	昭和52年5月7日
	南薩摩の十五夜行事	枕崎市・南さつま市坊津町・南九州市知覧町	昭和56年1月21日
	市来の七夕踊	いちき串木野市大里	昭和56年1月21日
	秋名のアラセツ行事	大島郡龍郷町秋名	昭和60年1月12日
	与論の十五夜踊	大島郡与論町字城	平成5年12月13日
	東郷文弥節人形浄瑠璃	薩摩川内市東郷町斧淵	平成20年3月13日

◆県指定

姶良・伊佐，北薩地区

記載	名称	所在地	指定年月日
○	吉左右踊・太鼓踊	姶良市加治木町西別府	昭和36年8月16日
	鷹踊	薩摩郡さつま町求名下手	昭和36年8月16日
○	南方神社春祭に伴う芸能（田打）	薩摩川内市高江町南方神社	昭和37年10月24日
○	野田町熊野神社の田の神舞	出水市野田町熊陣	昭和37年10月24日
○	高尾野町の兵六踊	出水市高尾野町	昭和37年10月24日
○	菱刈町の錫杖踊	伊佐市菱刈下手	昭和37年10月24日

	野田町の山田楽	出水市野田町上名青木	昭和 38 年 6 月 17 日
	入来町の疱瘡踊	薩摩川内市入来町浦之名	昭和 38 年 6 月 17 日
○	新田神社の御田植祭に伴う芸能（奴踊，棒踊）	薩摩川内市宮内町 1935 の 2	昭和 38 年 6 月 17 日
	出水市の種子島楽	出水市麓	昭和 42 年 3 月 31 日
○	阿久根市波留南方神社の神舞	阿久根市波留	昭和 43 年 3 月 29 日
	久見崎盆踊（想夫恋）	薩摩川内市久見崎町	昭和 46 年 5 月 31 日
○	菱刈町湯之尾神社の神舞	伊佐市菱刈川北 2461	昭和 63 年 3 月 23 日
○	霧島神宮のお田植祭り	霧島市霧島田口 2608-5	平成 3 年 3 月 22 日
○	甑島の内侍舞	薩摩川内市里町里八幡神社	平成 13 年 4 月 27 日
	川内大綱引	薩摩川内市	平成 18 年 4 月 21 日

鹿児島・南薩地区

記載	名称	所在地	指定年月日
○	川辺町上山田太鼓踊	南九州市川辺町上山田	昭和 36 年 12 月 20 日
○	士踊（稚児踊，二才踊）	南さつま市武田 17932 竹田神社	昭和 36 年 12 月 20 日
	大浦町の庖瘡踊	南さつま市大浦町	昭和 37 年 10 月 24 日
○	鹿児島市中山町の虚無僧踊	鹿児島市中山町	昭和 38 月 6 月 17 日
○	羽島崎神社春祭に伴う芸能（田打，船持祝）	いちき串木野市羽島 5944	昭和 37 年 10 月 24 日
○	深田神社春祭に伴う芸能（田打）	いちき串木野市下名 20967	昭和 37 月 10 月 24 日
○	大田太鼓踊	日置市伊集院町大田	昭和 39 年 6 月 5 日
○	津貫豊祭太鼓踊	南さつま市加世田津貫	昭和 39 年 6 月 5 日
○	吹上町の伊作太鼓踊	日置市吹上町湯之浦	昭和 41 年 3 月 11 日
	知覧の十五夜そらよい	南九州市知覧町中部地区	昭和 55 年 3 月 31 日
○	吹上大汝牟遅神社の流鏑馬	日置市吹上町中原東宮内 大汝牟遅神社	昭和 56 年 3 月 27 日

	十島村悪石島の盆踊り	鹿児島郡十島村悪石島	平成元年 3 月 22 日
○	三島村硫黄島の八朔太鼓踊り	鹿児島郡三島村硫黄島	平成元年 3 月 22 日
	三島村硫黄島の九月踊り	鹿児島郡三島村硫黄島	平成 2 年 3 月 23 日
○	伊集院町徳重大バラ太鼓踊り	日置市伊集院町徳重 1787	平成 5 年 3 月 24 日
	黒島の盆踊り	鹿児島郡三島村黒島	平成 25 年 4 月 23 日

大隅地区

記載	名称	所在地	指定年月日
○	山宮神社春祭に伴う芸能 (田打 , カギヒキ , 正月踊)	鹿屋市串良町細山田	昭和 37 年 10 月 24 日
○	山宮神社春祭に伴う芸能 (カギヒキ , 正月踊)	志布志市志布志町安楽 1519-2	昭和 37 年 10 月 24 日
	高山町本町の八月踊	肝属郡肝付町本町	昭和 37 年 10 月 24 日
○	蓬原熊野神社の神舞	志布志市有明町蓬原	昭和 54 年 3 月 14 日
○	末吉住吉神社の流鏑馬	曽於市末吉町二之方住吉	昭和 56 年 3 月 27 日
○	高山四十九所神社の流鏑馬	肝属郡肝付町新富四十九所神社	昭和 56 年 3 月 27 日
○	大隅町岩川八幡神社の 弥五郎どん祭り	曽於市大隅町岩川 5745	昭和 63 年 3 月 23 日
○	志布志町田之浦山宮神社の ダゴ祭り	志布志市志布志町田之浦 559	平成 3 年 3 月 22 日
○	末吉町熊野神社の鬼追い	曽於市末吉町深川	平成 6 年 3 月 16 日
○	佐多の御崎祭り	肝属郡南大隅町佐多	平成 17 年 4 月 19 日

熊毛・大島地区

記載	名称	所在地	指定年月日
○	源太郎踊	熊毛郡中種子町野間山崎	昭和 39 年 6 月 5 日
○	西之表市現和の種子島大踊	西之表市現和	昭和 43 年 3 月 29 日
	西之表市横山の盆踊	西之表市横山	昭和 43 年 3 月 29 日

	南種子町平山の座敷舞	熊毛郡南種子町平山	昭和 43 年 3 月 29 日
	南種子町平山の蚕舞	熊毛郡南種子町平山	昭和 43 年 3 月 29 日
○	西之表市の面踊	西之表市住吉深川	昭和 46 年 5 月 31 日
	秋名のショチュガマ及び ヒラセマンカイ	大島郡龍郷町秋名	昭和 57 年 5 月 7 日
	油井の豊年踊り	大島郡瀬戸内町油井	昭和 58 年 4 月 13 日
	上平川の大蛇踊り	大島郡知名町上平川	昭和 59 年 4 月 18 日
○	西之表栖林神社の大的始式	西之表市西之表 7597-1	平成 4 年 3 月 23 日
○	宝満神社のお田植え祭り	熊毛郡南種子町茎永	平成 11 年 3 月 19 日
	徳之島町井之川夏目踊り	大島郡徳之島町井之川	平成 13 年 4 月 27 日
○	古田獅子舞	西之表市古田	平成 16 年 4 月 20 日
	屋久島の如竹踊り	熊毛郡屋久島町安房	平成 18 年 4 月 21 日
	節田マンカイ	奄美市笠利町節田	平成 20 年 4 月 22 日
	佐仁の八月踊り	奄美市笠利町佐仁	平成 23 年 4 月 19 日
	種子島南種子町宝満池 鴨突き網猟	熊毛郡南種子町	平成 26 年 4 月 22 日
	沖永良部島のヤッコ踊り	大島郡和泊町，大島郡知名町	平成 26 年 4 月 22 日
	目手久立踊（八月踊り）	大島郡伊仙町	平成 27 年 4 月 17 日

有形民俗文化財

◆県指定

記載	名称	所在地	指定年月日
	入来町仲組の田の神	薩摩川内市入来町町副田	昭和 41 年 3 月 11 日
	鹿児島市山田町の田の神	鹿児島市山田町 2275-7	昭和 41 年 3 月 11 日
	金峰町宮崎の田の神	南さつま市金峰町宮崎山の上 50	昭和 41 年 3 月 11 日
	鹿児島市川上町の田の神	鹿児島市川上町 830-3	昭和 41 年 3 月 11 日

	高山町野崎の田の神 （寛保３年）	肝属郡肝付町野崎大園	昭和41年３月11日
	高山町野崎の田の神 （明和８年）	肝属郡肝付町野崎大園	昭和41年３月11日
	吹上町中田尻の田の神	日置市吹上町中田尻	昭和43年３月29日
	松元町入佐の田の神	鹿児島市入佐町巣山谷	昭和43年３月29日
	東市来町養母の田の神	日置市東市来町養母元養母	昭和43年３月29日
	東市来町湯之元の田の神	日置市東市来町湯之元中央	昭和43年３月29日
	蒲生町漆の田の神	姶良市蒲生町漆365	昭和43年３月29日
	蒲生町下久徳の田の神	姶良市蒲生町下久徳413-1	昭和43年３月29日
	加治木町木田の田の神	姶良市加治木町木田	昭和43年３月29日
	隼人町宮内の田の神	霧島市隼人町内山田1805	昭和43年３月29日
	吉松町般若寺の田の神	姶良郡湧水町般若寺	昭和43年３月29日
	大口市山野の田の神	伊佐市大口山野平出水	昭和43年３月29日
	鹿屋市野里の田の神	鹿屋市野里町岡村	昭和43年３月29日
	根占町川北の田の神	肝属郡南大隅町川北久保	昭和43年３月29日
	東串良町新川西の田の神	肝属郡東串良町新川西下伊倉	昭和43年３月29日
	有明町野井倉の田の神	志布志市有明町野井倉3235-5	昭和43年３月29日
	蒲生町漆の庚申塔	姶良市蒲生町漆1798-1	昭和50年３月31日
	宮之城町虎居の庚申塔	薩摩郡さつま町虎居1781	昭和50年３月31日
	鶴田町鶴田の庚申塔	薩摩郡さつま町鶴田3830	昭和50年３月31日
	吉松町川西の庚申塔	姶良郡湧水町川西560-1	昭和50年３月31日
○	知覧の水車カラクリ	南九州市知覧町郡16510	昭和58年４月13日
○	加世田の水車カラクリ	南さつま市加世田武田1798-1 竹田神社	昭和61年３月24日
	奄美大島のノロ関係資料	大島郡宇検村・瀬戸内町・ 奄美市・大和村	平成15年４月22日 追加指定 平成18年４月21日 大和村関係

	甑島の植物繊維衣料	薩摩川内市下甑町手打 1031 薩摩川内市下甑郷土館	平成 17 年 4 月 19 日
	喜界島のノロ関係資料	大島郡喜界町赤連 18-2 喜界町中央公民館	平成 18 年 4 月 21 日
	安良神社の仮面	霧島市横川町中ノ 192-7 横川郷土館	平成 19 年 4 月 24 日
	山宮系神舞の仮面及び衣装（安楽山宮神社，白鳥神社，田之浦山宮神社）	志布志市志布志町安楽 1519-2 安楽山宮神社，志布志市伊崎田 6426 白鳥神社，志布志市志布志町田之浦 559 田之浦山宮神社	平成 21 年 4 月 21 日

記録作成等の措置を講ずべき無形の民俗文化財（国選択）

名称	所在地	指定年月日
正月行事	鹿児島県ほか	昭和 29 年 11 月
田植に関する習俗	鹿児島県ほか	昭和 30 年 3 月
盆行事	鹿児島県ほか	昭和 52 年 6 月
芭蕉布の紡織習俗	鹿児島県	昭和 44 年 3 月
種子島のまるきぶねの製作習俗	鹿児島県	昭和 44 年 3 月
甑島の葛布の紡織習俗	鹿児島県	昭和 45 年 3 月
市来の七夕踊	いちき串木野市大里	昭和 45 年 6 月 8 日
種子島宝満神社のお田植え祭	鹿児島県	昭和 45 年 11 月
諸鈍芝居	大島郡瀬戸内町諸鈍	昭和 46 年 4 月 21 日
与論の十五夜踊	大島郡与論町	昭和 47 年 8 月 5 日
平瀬マンカイ	大島郡龍郷町秋名	昭和 48 年 11 月 5 日
現和の種子島大踊	西之表市現和	昭和 49 年 12 月 4 日
吉左右踊・太鼓踊	始良市加治木町西別府	昭和 51 年 12 月 25 日
大浦町の疱瘡踊	南さつま市大浦町宮園及び永田	昭和 53 年 1 月 31 日
東郷人形浄瑠璃	薩摩川内市東郷町斧渕	昭和 54 年 12 月 7 日
薩摩の水からくり	南さつま市，南九州市	昭和 59 年 12 月 20 日
種子島南種子の座敷舞	熊毛郡南種子町	平成 7 年 12 月 26 日
加治木のくも合戦の習俗	始良市加治木町	平成 8 年 11 月 28 日
ヨッカブイ	南さつま市金峰町高橋	平成 9 年 12 月 4 日
薩摩の馬踊りの習俗	鹿児島県	平成 14 年 2 月 12 日
西之表の種ばさみ制作技術	西之表市	平成 24 年 3 月 8 日

鹿児島県神社の祭りと伝統行事一覧表

※この一覧表は、宗教法人化された鹿児島県の神社についてとりまとめられた、『ふるさとのお社』（鹿児島県神道青年会編：平成七年四月三十日刊）に基づいて収録したので、本表以外の神社での祭りや伝統行事（以下祭り等と略称する）も、数多く存在しているが、それらについては割愛した。

※本表に記載したものでも、最近の過疎化・高齢化・少子化やその他の事情によって、消滅あるいは中断しているものもあるので、確認をお願いしたい。

※祭り等が行われる日も合わせて記載したが、これも出演者を含めた関係者や参観者の便宜をはかって、その後変更されたものもある。とくに平日から日・祝日に変更されているものが多い。判明した限り筆者が修正した。なお★印で示したものは、その日に実施されていることが確認済みのものである。ただし、これとても、その時々の事情によって臨時に変更されたり、あるいはまた、最近再変更されているものがあるかもしれず、一応の目安として頂きたい。

※各神社の祭り等の頭に［国］［県］［市］［町］が付けられているものは、当該機関によって無形（もしくは有形）民俗文化財に指定されているものである。（指定一覧表は別途279ページに掲載）

※祭り等の中でも、各神社の例大祭と六月灯は、特別なものでない限り原則として省略した。

※平成の大合併によって現在鹿児島県の自治体は、それ以前に比べて大きく変化しているが、ここでは『ふるさとのお社』の記載に従って、神社の所在地は旧市町村名で表記した。ただし、（ ）内に現在の市町村名を記入しておいた。

※所在地の番地名は省略した。

※本表に記載のない市町村は、本表が上記のように『ふるさとのお社』に基づいているので、同書に祭り等の記載事項が見あたらなかった市町村である。

※神社名のあとに（ ）付で記載したものは、その土地における通称ないし愛称である。

一　北薩・伊佐地域

神社名	所在地	祭り等名	実施日
【出水市】			
厳島《いつくしま》神社	上大川内	神舞	11月6日★
加紫久利《かしくり》神社	下鯖町	お田植の庭祭 お田植え祭	3月4日★ 6月17日★
諏訪《すわ》神社（お諏訪さま）	麓町	神舞	7月28日★
箱崎八幡《はこざきはちまん》神社（八幡《はちまん》神社）	上知識町	御神幸祭 神楽	3月25日★ 10月24日★
八坂《やさか》神社（祇園《ぎおん》さま）	麓町	前夜祭（神楽、囃しなど） 祇園祭り（神幸祭）	祇園祭りの前日 7月25日に近い日曜日★
【高尾野町（現：出水市）】			
紫尾《しび》神社（権現様《ごんげんさま》）	唐笠木	種播神事 ［県］平六踊り 田の神舞	春分の日★ 秋分の日★ 同日★
【野田町（現：出水市）】			
愛宕《あたご》神社	上名字愛宕迫	種播神事	2月25日★
伊勢《いせ》神社（御伊勢様《おいせさあ》）	下名字葦刈	種播神事	3月21日★
熊野《くまの》神社	下名字社下	［県］田の神舞・山田楽	11月9日★（中断中）
【阿久根市】			
伊勢《いせ》神社	鶴川内	種播神事	3月16日★
伊勢《いせ》神社	脇本	山田楽	（不定期）★
稲牟礼《いなむれ》神社	西目	種播神事	3月17日★
石船《いわふね》神社	折口	種播神事 カマ踊り	3月14日★ 3月最終日曜日？
戸柱《とばしら》神社	波留	ぎおん祭	8月第1日曜日★
枚聞《ひらきき》神社（おけもんさま）	山下	種播神事	3月3日★
南方《みなみかた》神社（お諏訪《すわさん》様）	波留	［県］神舞（8年に一度）	旧7月28日★
宮崎《みやざき》神社	脇本	山田楽	（不定期）★
矢房《やふさ》神社	脇本	こんぴら祭 えびす祭	旧3月10日★ 旧11月15日★

【長島町】			
若宮《わかみや》神社	下山門野	御八日《ごようか》踊り	8月8日★
若宮《わかみや》神社	城川内	御八日踊り	8月8日★
【東町（現：長島町）】			
八幡《はちまん》神社（愛宕《あたご》さん）	鷹之巣	御八日踊り 願成就祭	8月8日★ 9月28日★
南方《みなみかた》神社	山門野	種播神事	2月17日
若宮《わかみや》神社	川床	種播神事 御八日踊り	4月25日★ 8月8日★
若宮《わかみや》神社	鷹之巣	御八日踊り	8月8日★
【大口市（現：伊佐市）】			
保食《うけもち》神社（馬頭観音《ばとうかんのん》）	山野上松	御神幸祭	7月20日★
熊野《くまの》神社	牛尾	牛尾棒踊り	9月第4日曜日？
諏訪《すわ》神社（御諏訪様《おすわさま》）	篠原字諏訪	ウバッチョ踊り	8月22日★
諏訪《すわ》神社	小木原字橋之口	太鼓踊り	8月25日★
羽《は》神社（権現様《ごんげんさあ》）	針持	棒踊り等	（不定期）★
八幡《はちまん》神社（郡山八幡《こおりやまはちまん》神社）	大田字八幡山	棒踊り	5月5日★
八坂《やさか》神社（ぎおんさま）	里（八坂町）	神舞（七草祭）	1月上旬★
【菱刈町（現：伊佐市）】			
水天《すいてん》神社（水天宮《すいてんぐう》さん）	下手	［県］錫杖踊り	11月28日★
松原《まつばら》神社（薬師《やくし》さま）	市山	薬師ウッペ（牛舞）	3月上旬の日曜日★
南方《みなかた》神社（お諏訪《すわ》さん）	前目麓	［町］ウバッチョ踊り	
南方《みなかた》神社（お諏訪さま）	荒田	サナブリ祭 (お田植え終了祭)	
湯之尾《ゆのお》神社（湯之尾霊社）	川北上原	［県］湯之尾神舞 浜下り神事	11月23日★ 11月23日

二　川薩地域

神社名	所在地	祭り等名	実施日
【川内市（現：薩摩川内市）】			
射勝《いすぐれ》神社（射勝殿《すぐろどん》）	水引町射勝	［市］次郎次郎踊り	3月第1日曜日★
一条《いちじょう》神社（一条殿《いちじょうどん》）	陽成町	太鼓踊り	8月8日に近い日曜日★
児美《こみ》神社	城上町	太鼓踊り	8月第2日曜日★
菅原《すがわら》神社	大小路町	勧学祭	3月25日
諏訪《すわ》神社	湯田町	手踊り	9月20日
諏訪《すわ》神社	中郷町	［市］中郷太鼓踊り 虚無僧踊り （交互に2年ごと）	8月第4日曜日★
諏訪《すわ》神社（お諏訪様《すわさん》）	久見崎町	次郎次郎踊り	3月第1日曜日★
高城《たき》神社	高城町	太鼓踊り、虚無僧踊り	9月第2日曜日★
鶴亀《つるかめ》神社	田崎町大明原	夏越祭	7月21日★
新田《にった》神社（川内八幡《せんだいはちまん》）	宮内町	武射祭 早馬祭 ［県］奴踊り、棒踊り （お田植祭） 御神鏡清《みかがみすまし》祭 御通夜祭（ホゼ祭）	1月7日★ 春分の日★ 6月11日に近い日曜日★ 7月28日★ 10月最終土曜日★
早馬《はやま》神社	西方町	破乱踊り	（不定期）★
枚聞《ひらきき》神社（水手洗宮《みたらいのみや》）	網津町宮園	網津《おうず》ばら踊り	2月27日
南方《みなみかた》神社	楠元町	牛這《うしばい》祭り	1月31日（4年ごと）
南方《みなみかた》神社（お諏訪様《すわさん》）	高江町	［県］太郎太郎踊り ［市］高江太鼓踊り	3月2日に近い日曜日★ 9月28日に近い日曜日★
向田《むこうだ》神社（開聞《かいもん》神社）	西開聞町	水神祭 祇園祭 開聞祭	6月第1日曜日★ 7月夏休み最初の土・日の二日間★ 11月第2日曜日★
八坂《やさか》神社（祇園宮《ぎおんのみや》）	大小路町	お祇園様	7月25日に近い日曜日
【東郷町（現：薩摩川内市）】			
霧島《きりしま》神社	南瀬	あけすめろ （太鼓踊り）	9月15日

菅原《すがわら》神社（藤川天神《ふじかわてんじん》）	藤川	春祭	2月25日★
【祁答院町（現：薩摩川内市）】			
豊日雲《とよひるめ》神社	上手	上手太鼓踊り	10月8日
日枝《ひえ》神社	藺牟田	太鼓踊り、バラ踊り	8月第3日曜日
【樋脇町（現：薩摩川内市）】			
受持《うけもち》神社（市比野《いちひの》神社）	市比野	神幸祭	4月3日後の日曜日
【入来町（現：薩摩川内市）】			
大宮《おおみや》神社	浦之名	［町］神舞	11月23日・大晦日★
【里村（現：薩摩川内市）】			
八幡《はちまん》神社	里	［県］内侍舞《ないじまい》	10月第3土・日★
【上甑村（現：薩摩川内市）】			
春日《かすが》神社（春日大明神《かすがだいみょうじん》）	瀬上	内侍舞	旧9月4・5日
金峯《きんぽう》神社	江石	小島祭 恵毘須祭	4月3日 11月3日
甑島《こしきじま》神社 （甑島大明神《こしきじまだいみょうじん》）	中甑	内侍舞	旧9月8・9日
住吉《すみよし》神社（住吉大明神《すみよしだいみょうじん》）	小島	内侍舞	旧9月5・6日
【宮之城町（現：さつま町）】			
飯富《いいとみ》神社	山崎	太鼓踊り	8月第2日曜日★ （2年ごと）
稲富《いなとみ》神社	久富木	太鼓踊り（一本矢旗）	8月23日
保食《うけもち》神社（馬頭観音《ばとうかんのん》）	山崎	太鼓踊り	春の大祭
現王《げんおう》神社	泊野	狩猟行事	11月24日
八幡《はちまん》神社	湯田	浜下り	10月10日
南方《みなみかた》神社	二渡	太鼓踊り（3年に一度）	8月最終日曜日★
八坂《やさか》神社（お祇園《ぎおん》さん）	屋地	お祇園さあ	7月25日に近い土・日を含む3日間
【鶴田町（現：さつま町）】			
紫尾《しび》神社（紫尾権現《しびごんげん》）	紫尾	金山踊りほか	11月23日

【薩摩町（現：さつま町）】			
大石《おおいし》神社（金吾様《ぎんごさあ》）	中津川	金吾様祭り	9月第3日曜日★

三　日置・鹿児島地域

神社名	所在地	祭り等名	実施日
【串木野市（現：いちき串木野市）】			
伊勢《いせ》神社 (お伊勢《いせ》さあ)	元町	樽みこしの町内巡幸	1月11日★
恵比寿《えびす》神社	西浜町	神幸祭、魚願相撲	7月10日
照島《てるしま》神社	西島平町	鈴かけ踊り 浜下り	4月9日★ 旧9月9日★
羽島崎《はしまざき》神社	羽島	［県］太郎太郎祭	旧2月4日前後の日曜日★
深田《ふかだ》神社	下名	［県］ガウンガウン祭り	旧2月2日前後の 日曜日★
南方《みなかた》神社	羽島	太鼓踊り	8月中・下旬★ （夏季大祭日）
【市来町（現：いちき串木野市）】			
八坂《やさか》神社	湊町	十日恵比寿祭 祇園祭	1月10日★ 8月第1土曜日★
【東市来町（現：日置市）】			
伊勢《いせ》神社（おいせさあ）	養母	チタッオドイ (ついたちおどり)	5月第1日曜日★
稲荷《いなり》神社	湯田	御田植祭	3月3日★
霧島《きりしま》神社	湯田	皆田太鼓踊り	8月第2日曜日★
【伊集院町（現：日置市）】			
伊勢《いせ》神社（神明宮《しんめいぐう》）	大田	［県］大田太鼓踊り	妙円寺詣りの日★
熊野《くまの》神社	飯牟礼	棒踊り	5月5日★
諏訪《すわ》神社	野田	太鼓踊り	7月20日
徳重《とくしげ》神社（妙円寺《めつさあ》様）	徳重	妙円寺詣り （［県］徳重大バラ 太鼓踊り ［県］大田太鼓踊り）	10月第4日曜日★

【日吉町（現：日置市）】			
鬼丸《おにまる》神社（鬼丸殿《おいまんどん》）	吉利	セッペトベ	6月第1日曜日★
八幡《はちまん》神社	日置	セッペトベ	6月第1日曜日★
池王《いけおう》神社	吉利	太鼓踊り	お盆過ぎの最初の 土曜日★ （雨天の場合日曜順延）
南方《みなみかた》神社	吉利	太鼓踊り	
吉利《よしとし》神社（ごえんどう）	吉利	太鼓踊り	
【吹上町（現：日置市）】			
大汝牟遅《おおなむち》神社	中原	田島殿《たじまどん》 田植え踊り ［県］伊作太鼓踊り ［県］流鏑馬	3月第2日曜日★ 6月第3日曜日★ （2年ごと） 8月29日★ 11月23日★
船木《ふなき》神社	田尻	船こぎ祭	3月20日★
南方《みなみかた》神社	湯之浦	［県］伊作太鼓踊り	8月28日★
【鹿児島市】			
荒田《あらた》八幡宮（八幡様《はつまんさあ》）	下荒田	御神幸祭	10月第4日曜日★
伊佐智佐《いさちさ》神社 （六所権現《ろくしょごんげん》）	和田町	浜下り	10月第4日曜日★
一之宮《いちのみや》神社	郡元	打植祭（御田植神事） 御神幸祭（浜下り）	1月3日★ 11月9日★
稲荷《いなり》神社	稲荷町	龍神祭	3月23日★
烏帽子嶽《えぼしだけ》神社 （お嶽様《たけさあ》）	平川町	柴打	春秋彼岸の中日
鹿児島《かごしま》神社 （宇治瀬神社《うつてさあ》）	草牟田	神舞（秋の豊穣祭）	10月18日★
鹿児島縣護國《かごしまけんごこく》神社	草牟田	みたま祭（六月灯） 戦没者慰霊祭	7月31日〜8月1日★ 8月15日★
川上《かわかみ》天満宮	川上町	棒踊り	2月25日前後の日曜日
菖蒲《しょうぶ》神社	吉野町	棒踊り	3月16日
白山比咩《しらやまひめ》神社 （白山《はくさん》神社）	中山町	［県］虚無僧踊り	不定★（7月下旬から 8月上旬のうちの1日）

神明《しんめい》神社（えべすさあ）	宇宿	十日えびす大祭 浜下り	1月10日★ 11月23日★
諏訪《すわ》神社 （西別府《にしべっぷ》の産土様《うぶすなさあ》）	西別府町	太鼓踊り	7月28日に近い日曜日
多賀《たが》神社（お多賀《たが》さあ）	清水町	薑《はじかみ》の祭り （ホゼ・秋祭り）	10月16日★
鎮守《ちんじゅ》神社	吉野町	棒踊り、鎌踊り	2月14日
塚田《つかだ》神社	岡之原町	棒踊り	3月8日
照國《てるくに》神社	照国町	国旗祭 六月灯	7月11日★ 7月15・16日★
南 洲《なんしゅう》神社	上竜尾町	セゴドンノエンコ	9月23日★
原五社《はらごしや》神社	吉野町	宮籠り祭	10月29日
日枝《ひえだ》神社	川上町	棒踊り	3月5日
平松《ひらまつ》神社	吉野町	心岳寺詣り	8月17日★（前夜祭） 8月18日★（当夜祭）
松原《まつばら》神社（大中様《だいつさあ》）	松原町	古伝榊祓神事 神舞 歯の感謝祭	節分当日 4月5日★・10月5日 6月4日★
南 方《みなみかた》神社	岡之原町花野	棒踊り	3月18日
南 方《みなみかた》神社	岡之原町大久保	棒踊り	3月8日
八坂《やさか》神社 （おぎおんさあ）	清水町	［市］祇園祭 （おぎおんさあ）	7月25日に近い土・日★
【桜島町（現：鹿児島市）】			
水《すい》神社	松浦	棒踊り、鎌踊り	春秋の例大祭
月読《つきよみ》神社 （五社大明《ごしやだいみよう》神社）	横山	御神幸祭	10月30日★
三柱《みはしら》神社	西道	浜下り	7月28日に近い日曜日
【吉田町（現：鹿児島市）】			
金峯《きんぼう》神社（大位大明神《おいかんどん》）	西佐多浦小山田平	棒踊り、田植踊り	3月春祭
猿田王子《さるたおうし》神社 （王子《おうし》神社）	東佐多浦	棒踊り、お田植踊り	2月初申《さる》
八幡《はちまん》神社（正八幡宮《しょうはちまんぐう》）	本名瀬戸口	棒踊り、田打神事	3月第4日曜日

花尾《はなお》神社	本城	［市］棒踊り、田打神事	3月第1日曜日★ (2年ごと)
牟礼《むれ》神社（牧神様《まきがみさま》）	宮之浦	牧神祭	4月15日
【郡山町（現：鹿児島市)】			
一之宮《いちのみや》神社	東俣	命日慰霊祭（夏祭り）	8月7日
花尾《はなお》神社	厚地	［市］花尾太鼓踊り、 蟻の花尾詣で	秋分の日★
【松元町（現：鹿児島市)】			
大鳥《おおとり》神社	入佐	入佐棒踊り (お田植え踊り)	11月第4日曜日★
【喜入町（現：鹿児島市)】			
塞《さい》神社	中名	新生児の氏子入り 氏子の七五三の祭り	2月19日 11月15日
水《すい》神社	前之浜字水神	新生児の氏子入り	2月22日
宮坂《みやさか》神社	喜入	牛の角祭り 御神幸祭	2月第3日曜日★ 11月23日
【三島村】			
熊野《くまの》神社（硫黄権現宮《ゆおうごんげんぐう》）	大字硫黄島	［県］八朔踊り 笠踊り	旧8月1・2日★ 9月10・11日
黒尾《くろお》神社 (黒尾大明《くろおだいみょう》神社)	大字黒島大里	弓矢踊り、太鼓踊り	お盆
聖《ひじり》神社 (聖大明《ひじりだいみょう》神社)	竹島	馬方踊り 八朔踊り	1月21・22日 8月31日

四　南薩地域

神社名	所在地	祭り等名	実施日
【指宿市】			
揖宿《いぶすき》神社（お新宮様《しんぐうさあ》）	東方	浜下り	5 月上旬★（隔年）
高祖《こうそ》神社	西方	ごちょう踊り	1 月 1 日★
豊玉媛《とよたまひめ》神社	岩本	棒踊り、神輿巡幸	11 月 23 日
【開聞町（現：指宿市）】			
枚聞《ひらきき》神社 （おかいもんさん）	開聞	ほぜ祭り	10 月 14 ～ 16 日★ （神舞 14 日、御神幸祭 16 日）
【山川町（現：指宿市）】			
熊野《くまの》神社（権現《ごんげん》さま）	福元	御神幸祭	1 月 7 日★
利永《としなが》神社	利永	めんどん祭	1 月第 3 日曜日★
徳光《とつこう》神社（唐芋《からいも》神社）	岡児ケ水	さつま芋品評会	10 月 18 日
南方《みなみかた》神社 （お諏訪《すわ》さま）	成川	神舞	10 月第 4 日曜日★（3 年ごと）
【金峰町（現：南さつま市）】			
金峯《きんぽう》神社 （蔵王権現社《ざおうごんげんしゃ》）	尾下	お田植祭	4 月 29 日★
多夫施《たぶせ》神社	尾下	浜下り	4 月 3 日
玉手《たまて》神社	高橋	水神祭り （高橋十八度踊り）	8 月 22 日★
南方《みなみかた》神社	尾下	お田植踊り ［町］尾下太鼓踊り	4 月 29 日★ 8 月 26 日
南方《みなみかた》神社	中津野	お田植祭 （鎌踊り、棒踊り）	4 月下旬の日曜日★
【加世田市（現：南さつま市）】			
天御中主《あめのみなかぬし》神社	津貫	［県］太鼓踊り	10 月 27 日★
老《おい》神社	武田	鎌手踊り	7 月 20 日
大山積《おおやまつみ》神社	武田	鎌手踊り	7 月 16 日
熊野《くまの》神社	川畑	鎌手踊り	7 月 19 日

竹田《たけだ》神社	武田	［県］加世田士踊 ［県］水車カラクリ人形	7月23日★ 7月22日～24日★
八幡《はちまん》神社	益山	太鼓踊り	7月19日★
日枝《ひえ》神社	村原	かたな踊り	7月17日
寄木八幡《よりきはちまん》神社	小湊	鎌手踊り	10月15日
【笠沙町（現：南さつま市）】			
野間《のま》神社	片浦	二十日まつり	2月20日★
【坊津町（現：南さつま市）】			
九玉《くだま》神社（九玉様《くだまさま》）	泊荒所	唐《から》カラ船祭 太鼓踊り、棒踊り	5月5日★ 11月3日
九玉《くだま》神社	久志	久志太鼓踊り	8月15日★
九玉《くだま》神社	秋目西川添	太鼓踊り	10月9日
熊野《くまの》神社（熊野権現《くまのごんげん》）	坊上中坊	太鼓踊り	10月9日
八坂《やさか》神社（祇園《ぎおん》）	坊	ほぜどん（十二冠女《かんめ》）	10月第3日曜日★
【川辺町（現：南九州市）】			
飯倉《いいくら》神社	宮	お田植え祭り	7月第1日曜日★
竹屋《たけや》神社	中山田宮前	［県］太鼓踊り	10月19日★（4年に1度）
【知覧町（現：南九州市）】			
豊玉姫《とよたまひめ》神社	郡	［県］水車カラクリ人形 （六月灯）	7月9日★
【頴娃町（現：南九州市）】			
大野嶽《おおのだけ》神社	郡	奉納相撲	10月19日★
【枕崎市】			
天御中主《あめのみなかぬし》神社 （妙見《みようけん》神社）	東鹿籠字妙見	太鼓踊り、棒踊り	10月29日★
南方《みなみかた》神社	西鹿籠字田原	太鼓踊り、棒踊り	10月28日★

五　霧島・始良地域

神社名	所在地	祭り等名	実施日
【吉松町（現：湧水町）】			
清滝《きよたき》神社	中津川	茅の輪くぐり	9月19日
熊野《くまの》神社	川添	茅の輪くぐり	9月21日
箱崎八幡《はこざきはちまん》神社	川西	茅の輪くぐり 大王殿《うお～どん》祭	7月31日 11月19日★
日枝《ひえ》神社	般若寺	茅の輪くぐり	9月15日
南 方《みなみかた》神社	川西	［町］四部落太鼓踊り	8月最終日曜日★
【国分市（現：霧島市）】			
天御中主《あめのみなかぬし》神社 （北辰《ほつしん》さあ）	清水	田の神舞	3月1日★
伊勢《いせ》神社（おいせさあ）	中央	御神幸祭	10月17日
枝宮《えだみや》神社	野口字東ノ前	厄除祭 野口橋の水神祭 神祭	4月吉日 旧6月吉日の六月灯の 1週間後 12月吉日
大穴持《おおなむち》神社 （オナンヂサア）	広瀬3丁目	まむし除祓祭	旧3月13日★
韓国宇豆峯《からくにうづみね》神社 （韓国大明神《からくにだいみようじん》）	上井	祈年祭	3月9日
諏訪《すわ》神社	上井	奉納相撲	8月27日
止上《とがみ》神社（止上権現《とがみごんげん》）	重久	べぶ祭り （二十四日牛祭り）	鹿児島神宮初午祭の 1週間後の日曜日★
八坂《やさか》神社	向花	祇園祭	7月下旬
【隼人町（現：霧島市）】			
芦江《あしえ》神社	松永	御田植神事	3月19日
飯富《いいとみ》神社（涼ケ宮《すずがみや》）	東郷	御神幸祭	11月23日
鹿児島《かごしま》神宮 （大隅一ノ宮正八幡《おおすみいちのみやしようはちまん》）	大字内	七草祭 初午祭 御田植祭 隼人浜下り	1月7日★ 旧1月18日後の最初の 日曜日★ 旧5月5日後の最初の 日曜日★ 10月第3日曜日★

熊野《くまの》神社（権現様《ごんげんさま》）	真孝	奉納踊り （夏祭り六月灯）	7 月第 4 日曜日★
早鈴《はやすず》神社	小浜	棒踊り、 田均し種蒔神事	3 月 19 日に近い日曜日
【牧園町（現：霧島市）】			
飯富《いいとみ》神社	三体堂	稲造踊り	春分の日★
八幡《はちまん》神社（大平八幡宮《おおひらはちまんぐう》）	万膳	茅の輪神事	8 月 7 日
和気《わけ》神社	宿窪田	亥の子祭	11 月第 3 日曜日★
【霧島町（現：霧島市）】			
霧島《きりしま》神宮	田口	［県］田の神舞 （御田植祭り） 狭名田の長田御田植祭 齋田御田植祭 天孫降臨記念御神火祭	旧 2 月 4 日★ 6 月第 1 日曜日★ 6 月 10 日★ 11 月 10 日★
【福山町（現：霧島市）】			
飯富《いいとみ》神社（飯富大明神《みやどん》）	佳例川	お田植祭	6 月第 4 日曜日★
菅原《すがわら》神社	福山大廻	豊祭	10 月 20 日前後
宮浦《みやうら》神社 （宮浦大明神《みやうらだいみょうじん》）	福山	紀元祭 銀杏祭り	2 月 11 日★ 11 月 23 日
【蒲生町（現：姶良市）】			
蒲生八幡《かもうはちまん》神社	上久徳	［市］蒲生太鼓踊り	8 月 21 日★
【姶良町（現：姶良市）】			
稲荷《いなり》神社	鍋倉	十九日馬踊り	鹿児島神宮初午祭の次の日曜日★
黒島《くろしま》神社（黒神《くろかみ》どん）	上名	お田植祭り	2 月第 4 日曜日★
八幡《はちまん》神社	鍋倉	［市］浜下り	11 月第 2 日曜日★
【加治木町（現：姶良市）】			
春日《かすが》神社	木田	［県］西別府の太鼓踊 吉左右《きそ》踊り ［町］木田の太鼓踊り	8 月 16 日
精矛《くわしほこ》神社	日木山	［町］反土・小山田の太鼓踊り	8 月 16 日★

六　曽於地域

神社名	所在地	祭り等名	実施日
【財部町（現：曽於市）】			
日光神社《にっこう》	北俣	御田植祭	6月13日★
【末吉町（現：曽於市）】			
檍《あおき》神社（檍大明神《あおきだいみょうじん》）	南之郷	早馬祭	5月3日
熊野《くまの》神社（熊野権現《くまのごんげん》）	深川	［県］鬼追い	1月7日★
住吉《すみよし》神社 （住吉大明神《すみよしだいみょうじん》）	二之方	［県］流鏑馬	11月23日★
世貫《せぬき》神社（世貫大明神《せぬきだいみょうじん》）	岩崎	お田植神事	3月26日★
【大隅町（現：曽於市）】			
投谷《なげたに》神社（投谷八幡《なげたにはちまん》）	大谷	カギ引き、田植神事 茅の輪くぐり ［町］浜下り	2月中の卯の日に近い日曜日 7月最終日曜日 10月15日に近い日曜日★
八幡《はちまん》神社（岩川八幡《いわがわはちまん》）	岩川	［県］弥五郎どん祭り	11月3日★
【松山町（現：志布志市）】			
霧島《きりしま》神社	尾野見	団子祭り	3月上旬★
早鈴《はやすず》神社	泰野	団子祭り	3月上旬★
松山《まつやま》神社	新橋	団子祭り	2月第2日曜日★
【志布志町（現：志布志市）】			
田中《たなか》神社	内之倉	団子祭り	2月8日
八坂《やさか》神社（祇園社《おぎおんさあ》）	志布志	おぎおんさあ	7月20日ごろ★（不定）
安楽《やすら》神社	安楽	［県］春祭り （カギ引き、正月踊り）	安楽山宮神社の翌日
山宮《やまみや》神社 （安楽山宮神社《あんらくやまみや》）	安楽字宮下	［県］春祭り （正月踊りほか） 夏そば祭り	2月第2土曜日★ 6月30日★
山宮《やまみや》神社 （田之浦山宮神社《たのうらやまみや》）	田之浦	［県］団子祭り ［県］夜神楽	2月第1日曜日★ 11月最後の土曜日★ （2年に1度）

【有明町（現：志布志市）】			
熊野《くまの》神社	蓬原	［県］神舞	11 月 23 日★
白鳥《しらとり》神社	伊崎田	神舞	11 月第一日曜日★
【大崎町】			
都萬《つま》神社	仮宿	神舞	10 月第 4 日曜日★
照日《てるひ》神社	野方	［町］神舞	3 月第 2 日曜日★

七　肝属地域

神社名	所在地	祭り等名	実施日
【垂水市】			
大羽重《おおばえ》神社	田神字大羽重	棒踊り	11 月 3 日★
八坂《やさか》神社	本町	六月灯（巡幸祭）	7 月 24 日
【鹿屋市】			
岩戸《いわど》神社（岩戸様《いわどさあ》）	大姶良町	ベブンコ祭り （田植え神事）	旧 2 月初午祭
小烏《こがらす》神社	野里町	田打神事	2 月 19 日
菅原《すがわら》神社（荒平天神《あらひらてんじん》）	天神町	鎌ん手踊り	旧 6 月 25 日★
瀬戸山《せとやま》神社（高隈権現《たかくまごんげん》）	祓川町	［市］棒踊り	3 月第 4 日曜日
高千穂《たかちほ》神社	花岡町	浜下り（御御幸祭）	7 月 31 日
玉山《たまやま》神社（玉山宮《おくさんぐ》）	笠之原町	神降ろしの神事、 巡幸祭	旧 8 月 14 日
年貫《としぬき》神社	南	祈年祭 夏越祭 ［市］田の神舞	2 月 17 日 7 月第 4 日曜日 10 月 30 日
中津《なかつ》神社	上高隈町	［県］神木引神事	2 月第 3 日曜日★
七狩長田貫《ななかりおさたぬき》神社 （田崎《たさき》神社）	田崎町	神農祭（鹿祭り）	2 月 17 日★
波之上《なみのうえ》神社	高須町	おぎおんさあ（刀舞《かつなめ》）	8 月第 1 日曜日★
【輝北町（現：鹿屋市）】			
石牟礼《いしむれ》神社	平房	棒踊り	3 月第 2 日曜日★

日枝《ひえだ》神社（山王様《さんのうさま》）	市成	畜産まつり （山王どんまつり）	4月第2日曜日★
【串良町（現：鹿屋市）】			
事代主《ことしろぬし》神社 （お諏訪《すわ》さま）	岡崎	棒踊り 大祓、夏越祭	2月20日 6月30日
十五社《じゅうごしゃ》神社	有里	棒踊り	2月22日
月読《つきよみ》神社 （一ノ宮《いちのみや》大明《さあ》神）	有里	稲種子蒔の神事	2月20日
山宮《やまみや》神社	細山田	［県］春祭り（田打ち、カギ引き、正月踊り）	2月第3日曜日★
【東串良町】			
大塚《おおつか》神社	新川西	的始《まとはい》め	1月15日★
廣田《ひろた》神社	池之原	棒踊り、カギ引き、 田打ち神事	2月第4日曜日★
宮貫《みやぬき》神社	川東宮ノ下	二月踊り	2月23日★
【高山町（現：肝付町）】			
伊勢《いせ》神社	野崎	鎌踊り	3月17日前の日曜日★
桜迫《さくらざこ》神社	宮下	宮下棒踊り、カギ引き	3月第3日曜日★
四十九所《しじゅうくしよ》神社	新富	［県］流鏑馬	10月第3日曜日★
住吉《すみよし》神社	波見	波見棒・鎌踊り	3月第4日曜日★
【内之浦町（現：肝付町）】			
平田《ひらた》神社	岸良	テコテンドン ［町］ナゴッドン	1月2日★ 8月14日または15日★
【大根占町（現：錦江町）】			
河上《かわかみ》神社	城元	御神幸祭 火祭り、柱松《はしたまつ》	1月3日 8月15日夜
旗山《はたやま》神社	城元	柴祭り 神舞	1月2〜4日★ （不定期）★
【根占町（現：南大隅町）】			
鹿父《しかち》神社	横別府	田打ち起こし神事	3月第1日曜日★

八坂《やさか》神社（ぎおんどん）	川北	夏祭り	7月第4土曜日★
若宮《わかみや》神社	川北	塩入神舞	
【佐多町（現：南大隅町）】			
近津宮《ちかつみや》神社	郡	御崎祭り、打植祭	御崎祭り（御崎神社）の翌日★
御崎《みさき》神社	馬籠	［県］御崎祭り	2月第3土曜日★

八　種子・屋久・奄美地域

神社名	所在地	祭り等名	実施日
【西之表市】			
安納《あんのう》神社	安納	はま祈禱《ぎとう》 ［市］安納棒踊り	1月15日 10月第3日曜日★
伊勢《いせ》神社（お伊勢様《いせさま》）	西之表	奉納相撲	10月16日
蛭子《えびす》神社	西之表	願成就	9月28日
王之山《おうのやま》神社	西之表	願成就	9月28日
奥《おく》神社（葉山様《はやまさま》）	国上	御的始式＝射場祭	1月15日
風本《かざもと》神社	現和下御山	［県］種子島大踊り（願成就）	10月最終土曜日★
住吉《すみよし》神社	住吉	源太郎《げんだら》踊り	9月23日
栖林《せいりん》神社	西之表	［県］大的始式	1月11日★
豊受《よとうけ》神社	古田	［県］獅子舞（願成就）	10月第3日曜日★
深川《ふかがわ》神社	住吉	［県］面踊り	10月24日
八坂《やさか》神社（御祇園様《おぎおんさあ》）	西之表春日	［市］祇園祭	7月25日
【中種子町】			
熊野《くまの》神社（権現《ごんげん》さあ）	坂井	夏祭り	旧6月15日★
野間《のま》神社	野間	［県］源太郎《げんだら》踊り（願成就）	旧10月16日★
【南種子町】			
八幡《はちまん》神社（真所八幡《まどころはちまん》）	中之下	［町］お田植祭	3月20日★

宝満《ほうまん》神社	茎永	［県］お田植祭 抜穂祭 安城踊り、棒踊り	4月3日★ 9月10日 10月下旬
御崎《みさき》神社	西之	西之願成就祭	10月第4日曜日★
【上屋久町（現：屋久島町）】			
小瀬田《こせだ》神社	小瀬田字松山	山神祭	9月16日
益救《やく》神社 （一品宝珠大権現《いっぽんほうじゅだいごんげん》）	宮之浦字水洗尻	益救太鼓の初打ち 月待祭 神幸祭	除夜午前0時より 旧1月23日 4月29日★
【屋久町（現：屋久島町）】			
小島《こじま》神社	小島字小島	棒踊り	1月25日
八幡《はちまん》神社	平内字大山	棒踊り	11月26日
益救《やく》神社	原字岩屋口	棒踊り	6月15日
弓矢八幡《ゆみやはちまん》神社 （麦生《むぎお》神社）	麦生字下町	棒踊り	11月3日
【名瀬市】			
高千穂《たかちほ》神社	井根町	神幸祭（浜下り）	9月第4日曜日
【瀬戸内町】			
大屯《おおちょん》神社	諸鈍繰原	［国］諸鈍シバヤ	旧9月9日★
古仁屋高千穂《こにやたかちほ》神社	古仁屋	神幸祭（浜下り）	旧9月19日★
【喜界町】			
保食《ほしょく》神社	上嘉鉄	八月島あそび 九月島あそび	旧8月18日 旧9月18日
【徳之島町】			
白嶺《しろみね》神社	徳和瀬	奉寿願（秋祭り）	旧8月25日
【伊仙町】			
義名山《ぎなやま》	伊仙	十五夜祭	旧8月15日
【与論町】			
琴平《ことひら》神社	立長	十五夜祭	旧3・8・10月の15日★

■ 著者プロフィール

高向嘉昭（たかむき・よしあき）

1928年福岡県に生まれる。1950年第七高等学校文科卒業、1953年九州大学経済学部卒業後、大口高等学校、鹿児島商業高等学校教諭を経て、1966年鹿児島県立短期大学に転職。1994年定年により退職、名誉教授の称号を受ける。1996年九州産業大学商学部教授・同大学院商学研究科教授に就任、2000年退職。専門分野は商業学、地場産業論。著書に『薩摩の豪商たち』（春苑堂出版）、『鹿児島ふるさとの神社伝説』（南方新社）がある。

鹿児島ふるさとの神社　祭りと伝統行事

二〇一五年十二月十日　第一刷発行

著　者　高向嘉昭
発行者　向原祥隆
発行所　株式会社 南方新社
〒八九二—〇八七三
鹿児島市下田町二九二—一
電話　〇九九—二四八—五四五五
振替口座　〇二〇七〇—三—二七九二九
URL　http://www.nanpou.com/
e-mail　info@nanpou.com

印刷・製本　株式会社朝日印刷
定価はカバーに表示しています
落丁・乱丁はお取り替えします
ISBN978-4-86124-329-5　C0039